Wahrsagen mit Tarot-Karten

Ein herzliches Dankeschön an alle meine Freunde, die zum Gelingen dieses Buches beigetragen haben.
Einen besonderen Dank habe ich meinem Freund Stuart R. Kaplan abzustatten; jahrelange Zusammenarbeit mit dem größten Tarot-Kenner der USA hat es mir ermöglicht, mich in das weite Gebiet des Tarot einzuarbeiten.
Des weiteren gebührt mein Dank der Firma AGM AGMUELLER, Schaffhauser Spielkartenfabrik in Neuhausen, Schweiz, die mir in liebenswürdiger Bereitschaft hier die Abdruckrechte für das berühmte Tarot 1JJ überlassen hat.

Edwin J. Nigg

Wahrsagen mit Tarot-Karten

Schellen Verlag

CIP-Kurztitelaufnahme der Deutschen Bibliothek

Nigg, Edwin J.:
Wahrsagen mit Tarot-Karten / von Edwin J. Nigg.
– Niedernhausen/Ts.: Falken-Verlag, 1979.
   (Die Falken-Bücherei)
   ISBN 3-8068-0482-6

ISBN 3 7212 0125 6 (Schellen-Verlag)
ISBN 3 8068 0482 6 (Falken-Verlag)

© 1979 by Schellen-Verlag (Verlag Arthur Niggli AG,
CH-9052 Niederteufen)
Lizenzausgabe für deutschsprachige Länder, ausgenommen die
Schweiz: Falken-Verlag GmbH, 6272 Niedernhausen/Ts.
Titelbild: Axel Ruske
Zeichnungen: Edith Kuchenmeister
Gesamtherstellung: May & Co, Darmstadt
87 2635 4453 6271

Inhalt

Vorwort   6

Tarot   7

Tarot-Karten   8
Über den Ursprung des Tarot   10
Die italienischen Tarots   11
Tarot de Marseille   12
Neue Tarots   12
Die großen Meister des Tarot   13
Die Wege des Tarot   14
Das Kartenspiel   16
Spielregeln für Tarot   17

Tarot als Wahrsagemedium   21

Grundsätzliches zur Kartenauslage   22
Das Legen der hohen Arkanen   26
Die Interpretation der hohen Arkanen   29
Drei Muster-Auslagen und ihre Deutungen   74
Das Legen in Siebener-Reihen   84
Die Interpretationen der kleinen Arkanen   86
Drei Muster-Auslagen und ihre Deutungen   104

Vorwort

Was Sie hier vor sich liegen haben, lieber Leser, ist kein Werk über sämtliche Aspekte und Hintergründe des Tarot. Tarot – das ist eine Welt für sich, ein fast unerschöpflicher Schatz, der Jahrhunderte überdauert hat, ohne auch nur das geringste an Aktualität eingebüßt zu haben. Wie bereits der Titel aussagt, habe ich mich auf »Wahrsagen mit Tarot-Karten« beschränkt. Damit war der Rahmen des Buches gesteckt. Ein Rahmen, der selbstredend der Bedeutung des umfangreichen Tarot nicht ganz gerecht werden konnte.

Es ist eine große Herausforderung für den denkenden Menschen, mit Hilfe der Tarot-Karten seine Vergangenheit zu durchleuchten, seine Gegenwart zu erhellen und aus der Summe dieser Erkenntnisse Schlüsse auf seine Zukunft zu ziehen. Zweifelsohne geben die Tarot-Karten die nötigen Anstöße für ein solches Unterfangen. Ohne Zweifel aber ist leichtfertige Wahrsagerei gefährlich. Tarot-Karten sind symbolbeladene Bilder, die erst durch unser Denken lebendig werden. Ihre Aufgabe ist es, uns zu den Überlegungen zu führen, uns jene Gedanken durcharbeiten zu lassen, die wir sonst nur allzugerne verdrängen.

Werten Sie deshalb die Tarot-Karten nicht einfach als Kartenspiel, dies wäre zuwenig und würde ihrer Bedeutung nicht gerecht. Hüten Sie sich aber auch davor, ihre Aussagen allzu ernst zu nehmen. Karten allein sind wertlos. Sie erhalten ihr Leben durch die Fähigkeit und die Konzentration des Lesers; durch seine Anstrengung erst, sich hineinzudenken in die Persönlichkeit des Fragenden, werden sie mit Leben erfüllt.

Ich hoffe, daß es mir gelungen ist, Ihnen in diesem Buch einen, wenn auch begrenzten Einblick in die geheimnisvolle Welt des Tarot zu verschaffen. Und wenn Ihnen diese Karten bei der Bewältigung Ihrer Alltagsprobleme ab und zu helfen können, hat sich meine Mühe gelohnt.

Tarot

Court de Gebelin schreibt 1781 in seinem Werk *Monde primitif*: »Stellen Sie sich die Überraschung vor, die entstehen würde, wenn heute ein altes ägyptisches Buch wieder entdeckt würde, ein Buch aus dem alten Ägypten, welches von den Flammen beim Brand der berühmten Bibliotheken verschont geblieben wäre und welches das tiefe und klarste Wissen der alten Ägypter enthalten würde. Bestimmt wäre jeder begierig, in die Geheimnisse eines solchen außerordentlichen Werkes einzudringen. Würde ich Sie nicht sehr überraschen, wenn ich behaupte, daß dieses Buch zu keiner Zeit verloren war und daß es seit langer Zeit in großen Teilen Europas sozusagen in den Händen jedermanns zu finden ist. Das Erstaunlichste aber wäre, wenn man versicherte, daß keiner jemals vermutet habe, es sei ägyptisch, und daß man es besäße, ohne es zu kennen, daß kaum jemand jemals versucht hat, ein Blatt zu entziffern, daß die Frucht außerordentlicher Weisheit wie ein Haufen extravaganter Figuren angesehen wird, welche an sich nichts bedeuten.

Tatsache ist, dieses ägyptische Werk hat als einziges bis zum heutigen Tage überlebt, nachdem alle Schätze und alles Wissen der ägyptischen Bibliotheken verlorengegangen sind. So populär ist es geworden, daß sich kein Weiser darum bemühte, über seine Herkunft nachzudenken. Niemand außer mir hat dies bis heute getan. Das Buch besteht aus 77, eigentlich 78 Blättern oder Bildern, die in fünf Gruppen eingeteilt sind. Jede Gruppe zeigt verschiedene, amüsante und lehrreiche Gegenstände. In einem Wort, es handelt sich um das *Tarotspiel,* ein im heutigen Paris nicht bekanntes Spiel. Doch kennt man es sehr wohl in Italien, Deutschland und auch in der Provence. Natürlich ist das Spiel bizarr, schon wegen seiner eigenartigen Figuren und wegen der großen Zahl seiner Karten.«

Tarot-Karten

Das eigenartigste, seltsamste aller Kartenspiele ist das Tarotspiel. Schon die Form der Karten mutet fremd an. Sie sind meistens ungefähr 110 mm lang und zwischen 55 und 65 mm breit.

Auch die Kartenzahl ist einmalig, haben wir doch 78 Spielkarten in einem Tarotspiel. Diese setzen sich zusammen aus 22 hohen und 56 kleinen Arkanen. Die Bezeichnung »Arkanen« kommt aus dem Lateinischen und bedeutet Geheimnisträger. Und tatsächlich birgt jede dieser Karten ihr Geheimnis.

Die hohen Arkanen tragen eigentümliche, skurile Bilder und – außer der ersten – römische Nummern.

	LE MAT	DER NARR
I	LE BATELEUR	DER MAGIER
II	JUNON	DIE HOHE PRIESTERIN
III	L'IMPERATRICE	DIE HERRSCHERIN
IIII	L'EMPEREUR	DER HERRSCHER
V	JUPITER	JUPITER
VI	L'AMOUREUX	DIE LIEBENDEN
VII	LE CHARIOT	DER TRIUMPHWAGEN
VIII	LA JUSTICE	DIE GERECHTIGKEIT
VIIII	L'ERMITE	DER EINSIEDLER
X	LA ROUE DE FORTUNE	DAS RAD DES LEBENS
XI	LA FORCE	DIE KRAFT
XII	LE PENDU	DER GEHÄNGTE
XIII	LA MORT	DER TOD
XIIII	TEMPERANCE	DER AUSGLEICH
XV	LE DIABLE	DER TEUFEL
XVI	LA MAISON DE DIEU	DER TURM
XVII	L'ETOILE	DER STERN
XVIII	LA LUNE	DER MOND
XVIIII	LE SOLEIL	DIE SONNE
XX	LE JUGEMENT	DAS GERICHT
XXI	LE MONDE	DIE WELT

Die kleinen Arkanen sind, mit Ausnahme der Figur des Ritters, zu-
sammengesetzt wie ein übliches Kartenspiel. Die heute verloren-
gegangene Tradition, wonach das As stets gleichbedeutend mit der
Zahl Eins, also mit dem niedersten Kartenwert war, hat sich beim
Tarot gehalten. Die vier Kartenfarben entsprechen auch nicht dem
gewohnten Kartenspiel. Beim Tarot haben wir:

> Schwerter (= Pik)
> Stäbe (= Kreuz)
> Becher (= Herz)
> Münzen (= Karo).

Jede Kartenserie ist eingeteilt in

> König
> Königin
> Ritter
> Bube
> Zehn
> Neun
> Acht
> Sieben
> Sechs
> Fünf
> Vier
> Drei
> Zwei
> Eins (= As)

Über den Ursprung des Tarot

Der eigentliche Ursprung der Tarot-Karten liegt im dunkeln. Seit Jahrhunderten werden Bücher über Tarot geschrieben, seit Jahrhunderten bemüht man sich, das Rätsel der Herkunft zu lösen. Ganze Bibliotheken sind über dieses Thema geschrieben worden. Die wildesten Theorien wurden aufgestellt und wieder verworfen. Trotzdem ist es keinem der Gelehrten gelungen, einen schlüssigen Beweis für den Anfang des Tarot zu führen.

Ganz bestimmt wäre es falsch zu behaupten, Tarot sei ein normales Kartenspiel wie jedes andere. Die verwirrenden 22 hohen Arkanen mit ihren zumindest sehr seltsamen Figuren und die jahrhundertealte Tradition des Tarot verbieten eine solche Wertung. Ob das Tarot allerdings wirklich als Mutter aller Kartenspiele angesprochen werden kann, bezweifle ich sehr.
Von vielen wird bestritten, daß Tarot überhaupt ein Kartenspiel ist. Man hält es vielmehr für eine Sammlung von mystischen Bildern einer alten Heilslehre. Auch diese Theorie kann bestenfalls für die 22 hohen Arkanen zutreffen. Die Tatsache, daß diese Bilder immer wieder in Form von Spielkarten veröffentlicht worden sind, spricht deutlich gegen die Richtigkeit dieser These.
Wir wollen uns nicht beim Rätseln um den geheimnisumwobenen Ursprung des Tarot aufhalten, sondern wir wollen uns lieber mit den wenigen bekannten Tatsachen befassen.

Die italienischen Tarots

Zu den ältesten Tarot-Karten gehören die *Tarocchino di Bologna*. François Fibbia, der Prinz von Pisa, soll diese Karten in seinem Exil in Bologna eingeführt haben. Er starb im Jahre 1419. Die Tarocchino di Bologna enthielten 62 Karten und waren genauso eingeteilt wie die heute bekannten Tarotspiele. Lediglich die Karten Nr. 2, 3, 4 und 5 der kleinen Arkanen fehlten.

Eines der ältesten, heute noch bekannten Tarotspiele ist das von Visconti Sforza. Es stammt aus der Zeit von 1432–1466 und ist heute noch in einigen wenigen Exemplaren erhalten. Es handelt sich dabei um ausgesprochene Prunkkarten in sehr großem Format. Die Bilder wurden von Hand gemalt und unglaublich reich ausgestattet. Die einzelnen Figuren, obwohl selbstverständlich im Stil der damaligen Zeit gemalt, weichen in keiner Weise von den heute bekannten und noch immer gebräuchlichen Bildern ab. Anstelle der beiden Karten »Junon« und »Jupiter« allerdings erscheinen »La Papesse« und »Le Pape«.

Diese italienischen Tarot-Karten sind die frühesten, tatsächlichen Zeugnisse des Tarot. Während es aus den Jahrhunderten vorher immer wieder Hinweise auf Karten solcher Art gibt, wissen wir wenigstens mit Exaktheit, daß Mitte des 15. Jahrhunderts Tarot-Karten in Italien existiert haben.

Das Faszinierende an diesem Tarotspiel ist die Tatsache, daß nunmehr seit über 500 Jahren die gleichen Karten hergestellt werden, daß die 22 hohen Arkanen seit über 500 Jahren die gleichen Symbolbilder tragen und daß seit der damaligen Zeit die Bedeutung, die Aussagekraft und der Inhalt der einzelnen Karten sich nicht gewandelt haben. Diese 500jährige Tradition müßte doch eigentlich den größten Gegnern der Wahrsagerei mittels Tarot-Karten etwas den Wind aus den Segeln nehmen. Es scheint schlechthin unmöglich, daß sich eine derart komplexe Tradition über ein halbes Jahrtausend hätte erhalten können, wenn nicht doch sehr viel Sinn und sehr viel Wirkung in diesen Karten liegen würde.

Tarot de Marseille

Im 18. Jahrhundert taucht eine neue Tarotlinie aus dem Dunkel auf. Es handelt sich um das *Tarot de Marseille*. Diese Kartenart ist noch heute in Frankreich am populärsten, und insbesondere der große Tarotgelehrte Court de Gebelin hat sich sehr darum bemüht, den Zusammenhang zwischen dem Tarot de Marseille und den alten ägyptischen Weisheiten herzustellen und zu belegen. In der Tat gibt es eine große Zahl von naheliegenden Verbindungen zum alten Ägypten, zum Buche »Thor«.

In späterer Zeit haben sich vor allem Eliphas Levi und Oswald Wirth mit der Verbindung zwischen der Kabbala, der mittelalterlich jüdischen Geheimlehre, und dem Tarotspiel befaßt. Auch hier lassen sich Übereinstimmungen ohne weiteres belegen. Das ganze Gebiet aber ist zu schwierig und zu umfangreich, als daß man es im vorliegenden Buch abhandeln könnte.

Neue Tarots

Während bis zum Anfang dieses Jahrhunderts die italienischen Tarots und das Tarot de Marseille – allerdings in verschiedenen Varianten – das Hauptgewicht bildeten, ist die Palette der verschiedenen Tarot-Karten heute bedeutend reicher geworden.

Insbesondere seit Mitte der fünfziger Jahre steigt die Nachfrage überall. Das Interesse der jungen Menschen an alten Tarotweisheiten hat dazu geführt, daß heute über 250 verschiedene Tarotspiele angeboten werden. Das Tarotgebiet hat dadurch bestimmt eine große Bereicherung erfahren. Allerdings sind bei den Darstellungsversuchen der modernen Künstler eine ganze Reihe alter Tarotsymbole verlorengegangen oder überdeckt worden. Dies ist der Grund, warum im vorliegenden Buch nur das traditionelle Tarot 1JJ dargestellt wird, das in seiner schlichten Einfachheit zur italienischen Tarotlinie gehört und in dem alle wichtigen Tarotelemente bis heute erhalten sind. Wir wissen, daß das Spiel in der vorliegenden Form bereits vor 400 Jahren hergestellt worden ist. Kleine Änderungen, die sich in den einzelnen Bildern ergeben haben, fußen nicht auf neuen Taroterkenntnissen. Sie sind damit zu erklären, daß die Tarothersteller selten eine enge Beziehung zu den Tarotweisheiten hatten und daß Generationen von Plattenstechern und Zeichnern diese farbigen Bilder angefertigt haben, ohne sich über deren Wert und deren Inhalt Rechenschaft zu geben.

Das Tarot 1JJ ist heute auf der ganzen Welt verbreitet. Es wird von Australien bis Amerika, von Japan bis Skandinavien benutzt. Um den Charakter dieser wertvollen Karten nicht zu verändern, haben die Schweizer Spielkartenhersteller bis heute bewußt darauf verzichtet, die Kartenbeschriftungen in den einzelnen Landessprachen erscheinen zu lassen. Noch immer tragen die alten Kartenbilder die traditionellen, in der altfranzösischen Sprache geschriebenen Bezeichnungen wie »La Roue de Fortune«, »Le Chariot« usw.

Die großen Meister des Tarot

Antoine Court de Gebelin wurde 1725 in Nimes geboren. Als Sohn eines Pastors studierte auch er in Lausanne Theologie. Seine besondere Zuneigung galt der Mythologie. Im Jahre 1781 erschien sein berühmtes Buch »Le Monde primitif, analysé et comparé avec le monde moderne«. In diesem Werk befaßte sich Gebelin eingehend mit dem Wissen um das Tarot. Mit größter Sachkenntnis vertrat er die Ansicht, daß der Ursprung der Tarot-Geheimnisse in Ägypten zu suchen sei.

Einer der Nachfolger Gebelins war der Mathematik-Professor Alliette. Unter dem Pseudonym Etteilla veröffentlichte er 1783 sein Werk »Manière de se récréer avec le Jeu de Cartes nommées Tarot«.

Im Gegensatz zu Gebelin und Etteilla, die das Tarot in Ägypten ansiedelten, glaubte Eliphas Levi an den hebräischen Ursprung des Spiels. Levi war ein Philosoph. Sein bürgerlicher Name war Alphonse Louis Constant, und er betätigte sich als Priester der katholischen Kirche. Sein berühmtestes Buch trägt den Titel »Dogme et Rituel de la Haute Magie«.

Als vierter im Bunde der großen Tarot-Meister ist Gerard Encausse zu nennen, der von 1865 bis 1917 lebte und unter dem Namen Papus in Erscheinung trat. Sein Werk »The Tarot of the Bohemians« gilt noch heute als die ursprünglichste und beste Quelle der Tarotweisheiten.

Die Wege des Tarot

Waren es um 1550 insbesondere die italienischen Adelshäuser, die dem Tarot huldigten, treffen wir die Karten bereits wenige Jahre später in den Häusern des Bürgertums und beim gewöhnlichen Volk.

Die Faszination des Kartenspiels, verbunden mit den Geheimnissen der Wahrsagerei, führte zu einer sehr schnellen Verbreitung. Staat und Kirche stellten sich wiederholt der Entwicklung in den Weg, ohne dabei einen nennenswerten Erfolg erzielen zu können. In Frankreich war eine sehr ähnliche Entwicklung zu beobachten. In den übrigen Ländern hatten vor allem die Zigeuner einen großen Anteil an der Verbreitung des Kartenspiels.

Sehr häufig kam es vor, daß die Spiele in den Händen von Leuten landeten, die damit eigentlich nichts anzufangen wußten. Oft wurde dann das Spiel geteilt, die 22 »unheimlichen« Arkanen zur Seite gelegt und mit den verbleibenden 56 Karten ein normales Spiel gespielt. Diese 56 Karten unterschieden sich lediglich durch die zusätzliche Figur des Ritters von einem üblichen Whist- oder Bridgespiel.

Aus dieser Tatsache haben viele Kartenforscher die Behauptung abgeleitet, daß Tarot die eigentliche Mutter aller Kartenspiele sei. Wenn wir die Ritter weglassen und dafür die unnumerierte Karte des Narrs zum Joker umfunktionieren, haben wir in der Tat ein eigentliches Bridgespiel.

Mir scheint diese Theorie aber trotzdem nicht besonders glaubwürdig, kennen wir doch Erwähnungen über das allgemeine Kartenspiel, die sehr viel weiter zurückgehen. Zudem ist nicht anzunehmen, daß ein Volk seine ersten Spielkartenerfahrungen mit einem so umfangreichen Spiel gesammelt hat.

Die Spielkarte schloß im ersten Drittel dieses Jahrtausends die Lücke zwischen dem anspruchsvollen Schach und dem reinen Glücksspiel wie Hölzeln und Würfeln. Die geniale Kombination zwischen dem Denkspiel und dem Zufall, zwischen Können und Glücksspiel hat einen Siegeszug ohnegleichen ausgelöst. In einer Rekordzeit hat das allgemeine Kartenspiel ganz Europa erobert. Selbst in der modernen Zeit der Massenmedien ist es nicht denkbar, daß ein Spiel eine so schnelle Verbreitung finden könnte.

Wie war es nun mit dem Wahrsagen? Daß in dieser finsternsten Zeit des Aberglaubens die Tarot-Karten hauptsächlich zum Wahrsagen benutzt worden sind, ist verständlich. Schon damals gab es verschiedenste Kategorien von Wahrsagern. Die »ernsthaften« unter ihnen haben sehr komplizierte Auslegearten konstruiert und eine eigentliche Tarot-Wissenschaft entstehen lassen.

Zum größeren Teil wurden aber damals wie heute die sprechechenden Bilder der hohen Arkanen gefühlsmäßig und nach Intuition des Legers interpretiert.

Bekämpfte der Kreis der Wissenden das Tarot, um die Reinheit der Lehre zu erhalten, so verdammte die Kirche diese Karten über lange Zeit, weil sie als Werkzeug des Teufels galten. Die Geschichte der Kartenmacher liest sich oft als eigentlicher Leidensweg. Immer wieder wurden die Karten verboten, und immer wieder wurde den Kartenmachern nahegelegt, sich doch auf ihre zweite Spezialität, auf die Herstellung von Heiligenbildern, zu beschränken. Römische Kartenmacher wurden vom Vatikan ausgewiesen, und die Theorie, wonach sie sich mit den Karten II und V,

»La Papessa« und »Il Papa«, gerächt haben sollen, wurde nie widerlegt.

Die beiden Figuren Papst und Päpstin finden wir selbst bei modernen Tarot-Karten wieder. War der Kampf der Kirche gegen das Kartenspiel im allgemeinen schon sehr heftig, so wurde er noch verschärft durch den Umstand, daß mit dem Tarot Wahrsagerei betrieben wurde. Wir nehmen an, daß eben diese Verbote der Obrigkeit sehr zur Verbreitung des Spiels beigetragen haben.

Das Kartenspiel

Nicht nur Ursprung und Herkunft des Tarot sind kompliziert und schwer verständlich, selbst die Bezeichnung ist oft irreführend. Wurden diese Karten in Italien als *Tarocci* bezeichnet, hießen sie im französischen Sprachgebiet stets *Tarot*. Dieser Name wurde in immer größerem Maße von den englischsprechenden Ländern übernommen. Im deutschen Sprachraum kam es zu den Bezeichnungen *Tarok* und *Tarock*.

Nicht nur, daß das gleiche Spiel verschiedene Namen erhielt; unter dem gleichen Namen wurden und werden auch heute noch verschiedene Spiele verstanden. Das österreichische Tarok, bekannt als Kaffeehaus-Tarok, hat mit den ursprünglichen Tarot-Karten genauso wenig gemeinsam wie das »Tarocken« im bayerischen Raum.

Daß sich der Ausdruck »tarocken« als eigentliches Synonym für Kartenspielen schlechthin entwickelte, ließ wiederum viele Forscher auf den Trugschluß kommen, das Tarot habe am Anfang aller Spielkarten gestanden.

In den Bergkantonen Wallis und Graubünden wird noch heute mit den traditionellen Tarot-Karten ein eher kompliziertes Tarotspiel gespielt. Auch im Kanton Freiburg kennt man eine ähnliche Spielversion, die allerdings dort eher als Zeitvertreib für ältere Damen gilt.

16

Im Bündnerland dagegen hat das alte Tarotspiel in den letzten Jahren wieder einen großen Aufschwung genommen. Scheint es auch auf den ersten Blick eine schwer erlernbare Spielart zu sein, hat diese Version doch einen sehr großen Reiz. Die nachstehenden Regeln lassen sich ebenfalls über mehr als 150 Jahre zurückverfolgen, und die Tatsache, daß echte Bündner das Tarotspiel nie als Wahrsagekarten gesehen haben, untermauert unsere Theorie, wonach von einer einheitlichen Entwicklung des alten Tarot keine Rede sein kann.

Spielregeln für Tarot

Das Tarotspiel zählt 78 Karten: 4 Farben mit je 14 Karten (I–X, König, Königin, Ritter und Bube), 21 Tarot (Trumpf) und den Narr.

Das Ziel des Spiels ist es, möglichst viele Punkte zu gewinnen und die Nebenpartei dadurch zu schwächen, daß man sie durch geschicktes Spielen zwingt, ihre Tarot für minderwertige Karten auszuspielen.

Ein Spiel geht über 4 Runden, und wer am Schluß Pluspunkte hat, ist Sieger.

Das Tarotspiel wird meistens zu viert gespielt, wobei immer zwei Spieler zusammenhalten. Die Zusammenstellung der Spieler wird ausgelost. Dabei wird die 1. Karte in die Mitte des Tisches gelegt; der Reihe nach, rechtsum, erhält dann jeder Spieler 1 Karte. Wer 1 Tarot bekommen hat, wird übergangen. So geht es weiter, bis jeder 1 Tarot erhalten hat. Die 2 niedrigsten Tarot gehören zusammen, wobei die niedrigste das Spiel beginnt.

Jeder Spieler erhält beim Austeilen der Karten zuerst 6 Karten. Im zweiten Umgang des Austeilens werden wiederum 6, im dritten aber 7 Karten pro Spieler abgegeben. Der Skatist (Ausspieler) erhält im letzten Umfang anstelle der sieben Karten 9.

Hat eine Partei 9 oder mehr Punkte Schulden, kann sie verlangen, daß 9 beziehungsweise 10 Karten auf einmal verteilt werden. Hat eine Partei mehr als 18 Punkte Schulden, kann sie die eigenen Karten der vorangegangenen Runde nach Belieben zusammenstellen und verlangen, daß 19 Karten zusammen verteilt werden. Vor der Verteilung kann sie abheben.

Sind die ersten 6 Karten (eventuell 9 oder 18) verteilt, berät man sich an vielen Orten, ob man andere Karten wolle oder nicht. Jeder Spieler kann dabei die anderen durch sein Veto zum Spiel zwingen, aber nur der Skatist kann, wenn die anderen es freilassen, die Karten zusammenwerfen und von neuem ausspielen. Dieselbe Beratung geschieht, wenn 12 und wenn alle Karten verteilt sind. Hat der Skatist gar keine Tarot, kann er auch gegen den Willen aller anderen Spieler andere Karten verlangen.

Ist das Spiel soweit verteilt, und hat jeder seine Karten, legt der Skatist noch 2 Karten weg, meistens von der Farbe, von der er nur 2 hat, damit er dann mit Tarot den König oder die Königin der anderen Partei erwischt. Oft wirft man auch im Skat 2 Figuren, die gefährdet sind. Wirft er 1 Figur, die 5 Punkte zählt, in den Skat, muß er eine zweite solche hineingeben. Dies ist aber nicht überall erlaubt.

Der rechte Nebenmann des Skatisten beginnt das Spiel. Jeder Spieler muß Farbe bekennen; hat er keine Farbe, muß er Tarot spielen; erst wenn er weder die betreffende Farbe noch Tarot hat, kann er spielen, was er will.

Tarot sticht alles, auch die höchste Karte. Ist kein Tarot im Spiel, sticht der König der ausgespielten Farbe, dann die Königin, der Reiter, der Bub, der Zehner usw. Nur bei Kelchen und Rosen stechen statt Zehner, Neuner usw. Einser, Zweier usw.

Der Narr sticht nie. Er kann jedoch immer gespielt werden. Beginnt einer eine Runde mit dem Narr, so bestimmt der nächstfolgende Spieler mit seiner Karte die Farbe. Gehört ein Stich mit dem Narr der anderen Partei, kann der, welcher diesen gespielt hat, mit einer leeren Karte, die bereits gespielt wurde, oder, wenn sie noch keine haben, später mit dem Narr umgetauscht werden. Macht eine Partei Match, gehören Narr und Skat der anderen Partei.

Wer die höchste Tarot hat (Le monde), darf das erste Mal, wenn er eine Tarot spielen muß, dies durch ein Klopfen auf den Tisch kundtun, ebenso nachher, wer den XX. hat. Dies ist jedoch nicht überall erlaubt.

Spielt einer das erste Mal – wenn die Farbe ausgespielt wird – den König, kann er den Buben verlangen. Wer diesen hat, muß ihn hergeben und kann dafür eine leere Karte derselben Farbe vom Tisch nehmen. Hat der betreffende Spieler aber eine Figur (Reiter oder Königin) gespielt, muß er diese zurücknehmen, wenn er den Buben spielt.

Das ganze Spiel zählt 72 Punkte. Jede Partei sollte die Hälfte davon erreichen. Die Punkte, die bis zu 36 Punkten fehlen, sind Schulden; was über 36 Punkte geht, ist Guthaben.

Man unterscheidet zwischen den zählbaren Figuren, das heißt König, Königin, Reiter und Bube, und den leeren Karten, das heißt den Zahlenkarten 1 (As) bis 10. Es werden immer 1 zählbare Figur und 3 leere Karten zusammengezählt. Bei 2 Figuren und 2 leeren Karten zieht man 1 Punkt ab. 3 Figuren und 1 leere Karte zählen 2 Punkte weniger, 4 Figuren allein bringen 3 Punkte Abzug.

5 Punkte zählen der König jeder Farbe, die XXI. (Le monde), die I. (Le bateleur) und der Narr (Le mat). 4 Punkte zählt jede Königin. 3 Punkte zählt jeder Reiter. 2 Punkte zählt jeder Bube. 1 Punkt zählen 4 leeren Karten oder der Skat (2 leere Karten).

Hat man im Skat 1 Figur, zählt nur diese. Sind 2 Figuren im Skat, wird 1 Punkt abgezogen, zum Beispiel Reiter + Königin im Skat = 6 Punkte.

Beim Tarotspiel kommt es sehr darauf an, mit seinem Mitspieler gut zusammenzuspielen. Durch geschicktes Taktieren kann man mit schlechten Karten gewinnen.

Spielt man zu dritt oder zu fünft, legt man 3 Karten in den Skat. Jeder spielt für sich allein. Beim Zählen muß man beachten, daß dann jede leere Karte 1 Punkt zählt. Das ganze Spiel zählt dann 127 Punkte, wobei jeder Spieler 42 eventuell 25, der Skatist aber 43 eventuell 27 Punkte erreichen sollte.

Bei sechs Spielern spielen je drei miteinander. Das Spiel geht genau wie oben vor sich, nur haben wir keinen Skat, und jeder Spieler erhält nur 13 Karten.

An verschiedenen Orten kommen noch kleinere Abweichungen zu obigen Regeln vor.

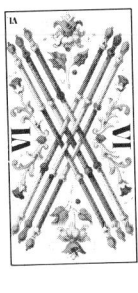
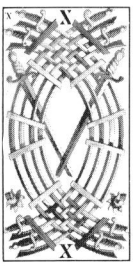

Tarot als Wahrsagemedium

Zur Einführung in das Tarot als Wahrsagemedium muß folgende prinzipielle Überlegung vorangestellt werden:

Es ist unbestritten, daß es zwischen Himmel und Erde Dinge gibt, die wir mit unserem Verstand nicht erfassen können. Ebenso unbestritten ist, daß dem Menschen Kräfte innewohnen, die er selbst nicht kennt. In der heutigen technisierten Zeit wächst die Bereitschaft, sich mit Medien zu befassen, die wir weder durchschauen noch erklären können. Von der Handlesekunst bis zur Astrologie, von der Numerologie bis zur Kristallkugel, alle Arten von Wahrsagen feiern in den letzten Jahren fröhliche Urstände.

Daß diese Entwicklung viele Gefahren in sich birgt, liegt auf der Hand. Ich möchte Ihnen die Tarot-Karten eigentlich nicht als Zauberkarten vorführen, sondern ich möchte Ihnen den Weg weisen, sich selbst mit den Tarot-Karten besser kennenzulernen.

Das Tarot bietet uns eine einmalige Gelegenheit, in bezug auf unsere Person über Vergangenes nachzudenken, Gegenwärtiges klarer zu sehen und uns eine Prognose für die Zukunft aufzubauen.

Ich halte nichts davon, die Karten über den zu erwartenden Lottogewinn und über die nächste Steuerrechnung zu befragen. Genauso wenig glaube ich, daß sich der Besuch der Tante oder der drohende Verlust des Kanarienvogels aus den Karten lesen läßt. Befragen wir die Karten über ernsthafte Probleme. Zwingen wir uns, diese Probleme gründlich zu durchdenken und zu analysieren. Bereits dieser Schritt bringt uns in der Bewältigung unseres Daseins ein gutes Stück weiter.

Vieles spricht dafür, daß uns die Karten helfen können. Es fällt den modernen Menschen nicht leicht zu glauben, daß durch das Mischen der Karten die magnetischen Kräfte des Fragenden die Reihenfolge so zu beeinflussen vermögen, daß daraus schlüssige Bilder und Prognosen entstehen. Trotzdem zeigen Serienversuche, daß sich die hauptsächlichen Aspekte auch bei mehrmaligem Auslegen der Karten nicht oder nur unwesentlich verschieben.

Ein zweiter Grund, der uns das Glauben etwas erleichtern kann, ist der, daß Tarot-Karten seit 500 Jahren in gleicher Art und Weise ausgelegt werden und daß sich die Deutung der einzelnen Arkanen nie verändert hat. Zumindest die Tatsache, daß ein Spiel in seiner Aussage über 500 Jahre praktisch unverändert bleibt, läßt darauf schließen, daß wir uns hier eines Mediums bedienen, das, trotzdem es nie in seiner vollen Bedeutung verstanden worden ist, eine echte Wahrheit in sich birgt.

Grundsätzliches zur Kartenauslage

Wir wollen gleich zu Anfang unterscheiden zwischen dem ernsthaften Tarot-Kartenlegen und dem Tarot-Kartenlegen als Party-Gag. Selbstverständlich ist diese zweite Version sehr amüsant, hilft uns, manchen Gesellschaftsabend interessanter und spannender zu gestalten. Das Kartenlegen hat sich vor allem in Amerika als eigentliche Party-Sensation entwickelt und ist heute aus dem gesellschaftlichen Leben der jungen Amerikaner kaum wegzudenken.

Wollen Sie es nun auf einer Party durchführen, dann nehmen Sie die Karten bitte nicht ernst. Lassen Sie sich nicht dazu verleiten, sie allzu scharfsinnig zu interpretieren, und vergessen Sie nicht den Zweck der ganzen Veranstaltung, die Unterhaltung und das Amüsement.

Wir wollen uns hier mit der ernsteren Art des Kartenlegens befassen. Dabei sollten Sie einige wesentliche Punkte beachten, die im folgenden ausgeführt werden.

Zunächst einmal zu den teilnehmenden Personen. Als Frager wird jene Person bezeichnet, die mit einem bestimmten Problem befaßt ist und nun aus den Karten die Lösung haben möchte. Selbstverständlich können Sie sich die Karten selbst legen. Der übliche Vorgang aber ist, daß der Frager sich an einen in der Kartenlegekunst bewanderten Mitmenschen richtet.

Es ist wichtig, daß sich der Frager sehr stark auf sein Problem konzentriert. Es hat keinen Zweck, gleichzeitig eine ganze Reihe von Fragen und Problemen zu behandeln. Der Fragende konzentriert sich ausschließlich auf das eine und wichtigste Problem. Die Frage darf nicht ausgesprochen werden. Nur die Konzentration auf diese Frage und das Kartenbild sollen den Antworter dazu befähigen, Auskunft zu erteilen. Er darf die Frage unter keinen Umständen kennen.

Es scheint mir sehr wichtig zu sein, daß sich diese Befragung der Karten stets unter vier Augen abspielt. Sehr oft zeigen die Karten Konstellationen äußerst privater Natur, und es fällt dem Antworter schwer, die Karten richtig zu interpretieren, wenn weitere Zuhörer dabei sind.

Benutzen Sie für das Kartenlegen einen möglichst ruhigen Raum. Der Frager und der Kartenleger sitzen sich gegenüber. Die Karten werden stets in ihrer normalen Reihenfolge geordnet, und der Fragende mischt die Karten. Anschließend gibt er sie dem Kartenleger zurück, der sie dann nach den verschiedenen Systemen, von denen im weiteren zwei dargestellt werden, auslegt und anschließend interpretiert.

Lassen Sie sich für die Interpretation der Karten genügend Zeit. Arbeiten Sie sich durch von der Karte 1 bis zur Karte 10. Fassen Sie anschließend das Gesagte nochmals zusammen und vermeiden Sie als Antworter geheimnisvolles Getue und versteckte Hinweise auf drohendes Unheil.

Es ist von Vorteil, wenn der Befragte den Fragenden nicht persönlich kennt. Sehr leicht könnte er nämlich der Versuchung unterliegen, die Karten so zu interpretieren, wie er den Menschen sieht, und nicht so, wie sich die Karten eigentlich darstellen. Es läßt sich bei solchen Interpretationen manchmal allerdings kaum vermeiden, daß persönliche Meinungen des Befragten in die Interpretation einfließen, was natürlich den Wert der ganzen Aussage entscheidend verändert.

Wer sich dazu bereit findet, Karten zu legen, soll sich seiner Verantwortung wohl bewußt sein. Einem nervösen, verängstigten oder eindeutig labilen Frager werden wir die Karten nie legen. Die Gefahr, daß einzelne Aussagen aus dem Zusammenhang gerissen werden, daß man einzelne, vielleicht auf den ersten Blick bedrohliche Bilder, zum Beispiel den Tod oder den Teufel, zu ernst nimmt, ist viel zu groß. Stets und immer muß sich der Beantworter darüber klar sein, daß die Tarot-Karten nicht ein fertiges Rezept für die Zukunft liefern, sondern daß ihre eigentliche Bedeutung darin liegt, uns zu helfen, über unsere Vergangenheit unvoreingenommen nachzudenken, unsere momentane Situation gründlich zu analysieren und aus der Summe dieser beiden Erkenntnisse unsere Schlüsse auf eine nähere oder fernere Zukunft zu ziehen.

Der Befragte soll sich jeder Art von Geheimnistuerei enthalten. Allein schon der Umstand, daß aus den Karten gelesen werden soll, ist ja für den Frager schon aufregend genug. Wir brauchen hier nicht einen speziellen Zirkus zu veranstalten und den Frager noch mehr zu verunsichern.

Sehr wichtig ist, daß sich der Befragte vorher mit den Tarot-Karten tatsächlich auseinandergesetzt hat. Es nützt nichts, wenn Sie dem Fragenden einfach sämtliche Interpretationsmöglichkeiten vorlesen. Es ist die Aufgabe des Kartenlegers, ein ganz klares, eindeutiges Bild zu zeichnen. In dieses Bild muß er selbstverständlich die Persönlichkeit des Fragenden einbauen. Den wirklich guten Kartenleger erkennt man am Resultat, und das Resultat soll immer so sein, daß der Frager tatsächlich aus der ganzen Operation einen Nutzen ziehen kann. Verängstigte oder beängstigte Fragende lassen auf einen schlechten, unvorbereiteten und unreifen Kartenleger deuten.

Als Beantworter werden Sie sehr schnell feststellen, daß es ein anstrengendes Unterfangen ist, seriös Karten zu legen. Mehr als drei Sitzungen pro Tag sind auf keinen Fall zu empfehlen. Wir brauchen für eine Sitzung ungefähr eine Stunde, in der wir uns voll konzentrieren müssen und in der wir uns ständig unserer Verantwortung als Deuter der alten Tarot-Karten bewußt sein müssen.

Für den Frager gilt, daß es sinnlos ist, mehr als einmal am Tag die gleiche Frage zu stellen. Er sollte sich vielmehr in das Resultat vertiefen und sich ernsthaft darum bemühen, daraus diejenigen Schlüsse zu ziehen, die für seine Persönlichkeit hilfreich und aufbauend sein können.

Es ist eine alte Überlieferung, daß Karten nicht für Kinder, sondern nur für erwachsene Menschen gelegt werden können, abgesehen davon, daß man Kinder von so schwer verständlichen Vorgängen fernhalten sollte. Es ist bestimmt nicht zu verantworten, den untauglichen Versuch zu machen, eine Vergangenheit, die noch gar nicht bewußt sein kann, zu deuten.

Psychisch angeschlagenen Menschen darf man auf keinen Fall die Karten erklären. Sie sind nicht in der Lage, die Botschaften zu verstehen. Zudem wird ihr gestörtes Gefühlsleben ein ebenso wirres und undeutbares Kartenbild hervorrufen.

Ich rate Ihnen dringend davon ab, Ihrem Freund, Ihrer Freundin oder Ihrem Ehepartner die Karten zu legen. Auch hier lassen sich Erfahrungswerte und Signale aus den Karten kaum voneinander trennen. Zudem gibt es in den Karten Wahrheiten, die Sie einer nahestehenden Person nicht so ohne weiteres aufdecken können.

Das Legen der hohen Arkanen

Es gibt eine ganze Anzahl von Möglichkeiten, die hohen Arkanen auszulegen. Eine der ältesten Auslegearten ist zugleich die aussagekräftigste und hat zudem den Vorteil, daß sie verhältnismäßig rasch erlernt werden kann.

Wir legen dazu die 56 kleinen Arkanen beiseite und ordnen die hohen Arkanen nach der Reihenfolge der Nummern. Die unnumerierte Karte, der Narr, liegt obenauf. Der Befragte gibt nun diese Karten mit der Rückseite nach oben in die Hand des Fragers, der sie nach Belieben mischt. Der Kartenstoß geht danach wieder zurück an den Befragten, der nun die Karten von oben in folgender Weise auslegt:

- Die 1. Karte kommt ins Zentrum eines Kreuzes zu liegen. Sie bezeichnet die gegenwärtige Lage des Fragers. Sie gibt uns Aufschluß über die Situation, in der der Frager lebt, und über seine Persönlichkeit.

- Die 2. Karte wird kreuzweise über die 1. Karte gelegt. Sie erklärt uns die Umwelteinflüsse, denen der Frager ausgesetzt ist, und sie gibt Auskunft über Hindernisse und Schwierigkeiten, auf die der Frager in nächster Zukunft stoßen wird.

- Die 3. Karte kommt an das obere Kartenende der 1. Karte zu liegen. Sie ist die Schicksalskarte, die uns Einblick nehmen läßt in die nähere Vergangenheit und in die momentanen Möglichkeiten des Fragers.

- Die 4. Karte legen wir im Uhrzeigersinn neben die 2. Karte. Sie ist die Karte der Vergangenheit und des Unterbewußtseins. Aus ihr ziehen wir unsere Schlüsse über die ferne Vergangenheit und über jene Probleme, die den Frager im Moment am stärksten beschäftigen.

- Die 5. Karte schließt sich am unteren Ende der 1. Karte an. Diese Karte gibt uns Auskunft über jene Ereignisse und Einwirkungen, die den Frager in der Vergangenheit besonders geformt und seine Persönlichkeit geprägt haben. Dabei kann es

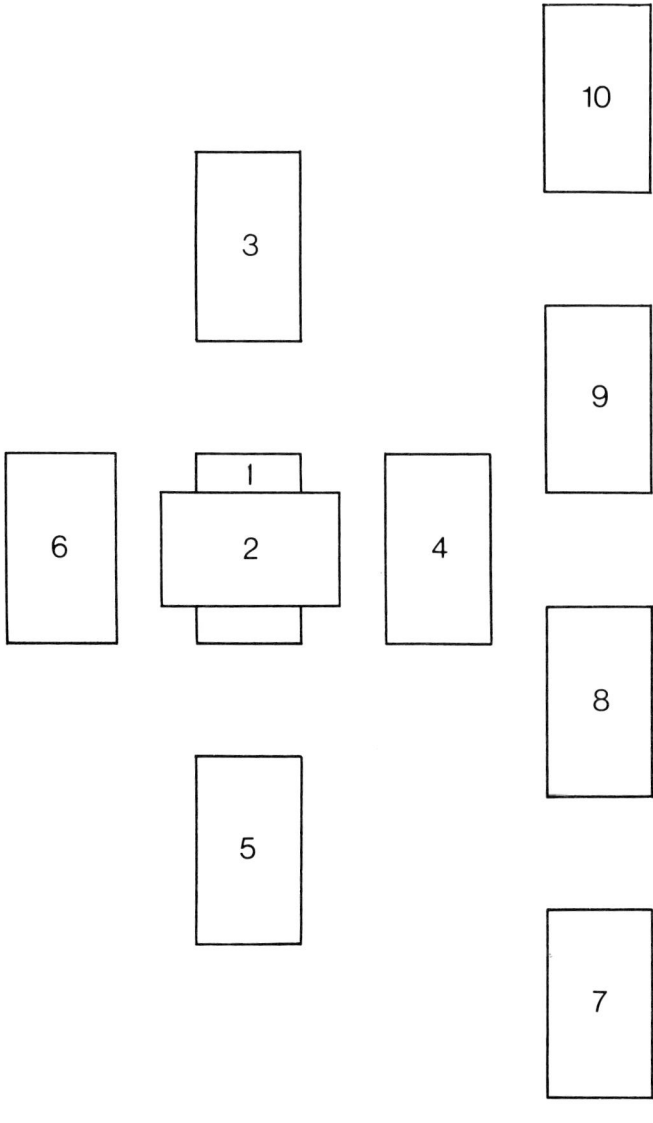

sich um Begebenheiten aus der nahen oder fernen Vergangenheit handeln.

● Die 6. Karte wird links neben der 1. Karte plaziert. Sie ist die Karte der Zukunft und erklärt vor allem, unter welchen Bedingungen und Einflüssen der Frager in Zukunft leben wird.

Diese sechs Karten genügen an sich, um ein sehr exaktes Bild über den Frager zu erhalten. Die vier weiteren Karten sollen uns helfen, die vorliegenden Angaben noch zu verdeutlichen. Mit den Karten sieben bis zehn legen wir rechts neben dem Kartenkreuz eine Reihe von unten nach oben.

● Die 7. Karte zeigt uns die innere Haltung und die momentane Position des Fragenden.

● Die 8. Karte legen wir oben an die 7. Karte. Sie zeigt den Einfluß des Fragenden auf seine Umwelt und gibt uns Auskunft über Probleme, die der Frager in seinen zwischenmenschlichen Beziehungen hat.

● Die 9. Karte schließt sich wieder oben an die 8. Karte an. Sie ist die Karte der geheimen Wünsche. Verborgene Probleme, Ängste und Ungewißheiten des Fragers kommen hier zum Ausdruck. Gleichzeitig sehen wir in der 9. Karte auch Andeutungen auf Probleme, die in Zukunft auftauchen können.

● Die 10. Karte kommt an die Oberkante der 9. Karte zu liegen und repräsentiert das Endresultat und die Zusammenfassung des gesamten Bildes. In ihr müßte die Lösung und die vernünftige Erklärung für alle vorangegangenen Karten liegen.

Lesen beziehungsweise deuten Sie nun entsprechend der folgenden Interpretationen die einzelnen ausgelegten Karten.

Sowohl für die hohen Arkanen als auch später für die kleinen finden Sie jeweils die umgekehrte Bedeutung. Diese trifft zu, wenn die Karte auf dem Kopf liegend erscheint. Das Kartendeuten wird durch die Einbeziehung der kopfuntenliegenden Auslegeart natürlich komplizierter, aber die Aussage verändert sich dadurch grundsätzlich nicht, wie die Erfahrung zeigt. Üben Sie auf jeden Fall zuerst die einfachere, in den drei nachstehenden Beispielen beschriebene Variante.

Wollen Sie die erschwerte Auslegeart praktizieren, dann legen Sie die Karten vorerst mit dem Rücken nach oben auf den Tisch und schieben die einzelnen Blätter durcheinander. Danach wird der Kartenstoß der fragenden Person zum Mischen gereicht. Wie schon gesagt, bedeutet ein kopfuntenliegende Karte im Prinzip genau das Gegenteil des normalplazierten Bildes. Achten Sie aber darauf, daß dadurch nicht nur die positiven Elemente ins Negative, sondern negative Bedeutungen der Karten auch ins Positive umgedreht werden.

   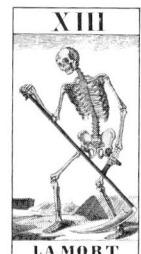

Die Interpretationen der hohen Arkanen

Das Legen und Lesen der hohen Arkanen bereitet bereits nach wenigen Tagen kaum mehr Probleme. Betrachten Sie die einzelnen Kartenbilder genau, so werden Sie rasch zu dem Schluß kommen, daß deren Erklärung eigentlich auf der Hand liegt. Die Bilder sprechen, sie zeigen uns mit aller Deutlichkeit an, was sie uns zu sagen haben. Wer sich in die Einzelheiten und Nuancen der Bilder genügend vertiefen kann, wird schon sehr bald keine Anleitung zu deren Deutung mehr benötigen.

Le Mat – der Narr

Fröhlich, unbeschwert, heiter und naiv schreitet der Narr daher.
Seine Füße stehen nahe beim Abgrund, was ihn nicht zu erschüt-
tern scheint. In seinem bunten, malerischen Gewand drückt er
Fröhlichkeit, entwaffnende Naivität und Heiterkeit aus.
Der Narr ist das Symbol für Unbeschwertheit und insbesondere für
Unbekümmertheit. Ohne sich durch die Gefahren der Welt beein-
drucken zu lassen, schreitet er leichtfüßig, aber auch leichtsinnig
dahin. Seine Unbekümmertheit setzt ihn vielen Gefahren aus, die
er nicht erkennen kann.

Bedeutung

Wie schon der Name sagt, bedeutet die Karte Narretei, Unfertigkeit, Leichtfertigkeit und Frivolität, Gedankenlosigkeit, Fehlen
von Disziplin, unvorhersehbares, unberechenbares Handeln, Leidenschaft, Unzuverlässigkeit. Wer diese Karte zieht, wird einen
guten Teil seiner Kraft aufwenden müssen, um seine Persönlichkeit
zu stärken, um seinem Leben Weg und Ziel zu geben.

Umgekehrte Bedeutung

Steht der Narr auf dem Kopf, bedeutet das Stillstand im Leben, Be-
zugslosigkeit, vorgespielte Fröhlichkeit. Die Karte kann durchaus
auch auf eine falsche Wahl, sei das nun die Wahl einer Person oder
eines Weges, hinweisen.

LE MAT.

1 Le Bateleur – der Magier

Die Linke mit dem Zauberstab aufgereckt gegen den Himmel, mit der Rechten auf den Tisch weisend, symbolisiert, daß alle Kraft von oben kommt. Vor sich auf dem Tisch hat der Magier eine ganze Anzahl schwer bestimmbarer Gegenstände wie Schatullen, Kugeln usw. liegen. Diese scheinbar wirr zusammengewürfelten Gegenstände soll er zu einem Ganzen formen. Er soll ihnen Sinn geben. Der Magier lächelt naiv und ziemlich selbstbewußt.

Der Betrachter ist erstaunt, einen Magier, einen Zauberer mit so freundlich harmlosem Lächeln zu sehen. Nichts Böses strömt aus diesem Mann. Vielleicht ist er sich seiner Macht überhaupt nicht bewußt.

Bedeutung

Diese Karte steht für eine starke und vor allem kreative Persönlichkeit. Sie symbolisiert Spontanität, Vorstellungsvermögen, Selbstvertrauen, Originalität, aber auch Entschlußkraft, Selbstkontrolle und eine gesunde Haltung zur Herausforderung.

Umgekehrte Bedeutung

Steht der Magier auf dem Kopf, so bedeutet die Karte Unsicherheit, Verspätung, fehlendes Vorstellungsvermögen, falscher Einsatz seiner Energie, Unzuverlässigkeit.

I

LE BATELEUR

II Junon – die hohe Priesterin

Mit einer Krone auf ihrem Haupt und einem starken Stock in ihrer Linken steht die Göttin barfuß auf einer breiten Straße. Gekleidet ist sie in ein rotes, von einem blauen Gürtel gebundenes Kleid. Hinter ihr sehen wir einen farbenprächtigen Pfau.

Junon ist das Sinnbild alles Weiblichen, die Idealfrau schlechthin. Weise, kräftig, den Stürmen der Zeit gewachsen, blickt sie vertrauensvoll in die Zukunft.

Bedeutung

Junon symbolisiert Verständnis, Intelligenz, Vorsicht, Wissen, Weisheit, Verantwortungsbewußtsein und Erleuchtung.

All ihr scharfes Denken, ihr tiefes Wissen ist verbunden mit Güte und mit Verständnis für die Schwächen ihrer Mitmenschen.

Umgekehrte Bedeutung

Liegt die Junon-Karte auf dem Kopf, bedeutet sie Kurzsichtigkeit, Selbstsucht, Dummheit, Verantwortungslosigkeit und Unwissen.

II

JUNON.

III L'Impératrice – die Herrscherin

In der rechten Hand ihr Zepter, die Linke mit mahnend ausgestrecktem Zeigefinger erhoben, sitzt die Herrscherin auf ihrem Thron. Eine Krone schmückt ihr Haupt, eine zweireihige Perlenkette ihren Hals.

Bedeutung

Die Herrscherin bedeutet weibliches Durchsetzungsvermögen, Fruchtbarkeit und Tüchtigkeit. Sie steht für weibliche Verwandte wie Mutter, Schwester, Frau, Kinder, als Führerin, als Geschäftsfrau.

Ebenso verkörpert sie ausgesprochen positive weibliche Eigenschaften wie Loyalität, Kameradschaft, Schweigsamkeit, wirtschaftliche Besonnenheit und waches Interesse am täglichen Geschehen.

Umgekehrte Bedeutung

Wird die Karte der Herrscherin verkehrt herum ausgespielt, so bedeutet sie Mangel an Einfühlungsvermögen, Faulheit, Ängstlichkeit, Verlust, Unbestimmtheit und Unglück, bezogen auf Frauen in der nächsten Umgebung.

III

L'IMPERATRICE

IIII   L'Empereur – der Herrscher

Als große, kräftige und bärtige Männergestalt sitzt der gekrönte Herrscher auf seinem Thron. In der Rechten hält er sein Zepter, mit der linken Hand seinen Schild. Der Herrscher ist reich gekleidet und geschmückt. Sein Gesicht drückt Ruhe und Wissen um seine Macht aus.

Bedeutung

Die Herrscherkarte steht für Macht, weltliche Gewalt, Wissen, Können, Führerschaft und Stabilität. Sie drückt Ausdauer und Durchsetzungsvermögen aus und versinnbildlicht die gefühllose Welt der Stärke. Der Herrscher ist kein mitfühlender, gefühlsbetonter Mensch, sondern, wie man heute sagen würde, ein Macher. Er wird sich unter allen Umständen durchsetzen. Er wird seine Ziele stets und immer auf dem Weg erreichen, den die Situationen und Umstände gerade ermöglichen.

Umgekehrte Bedeutung

Liegt die Herrscherkarte umgekehrt, besagt sie Unvermögen, ungesunde Weichheit, das Fehlen von Zielsetzung sowie das Fehlen von Können und Ausdauer. Sie deutet auf einen unreifen, weichen und lebensuntüchtigen Menschen.

IIII

L'EMPEREUR

V Jupiter

Symbolisiert durch einen gekrönten, kräftigen Mann mit nacktem Oberköper, sitzt Jupiter auf einem Steinhaufen. Sein wohlwollend blickendes, bärtiges Haupt auf die Linke gestützt, hält er in der Rechten ein Zepter. Vor Jupiter steht ein Adler, das Symbol von Weisheit und Weitblick.

Bedeutung

Die Jupiter-Karte bedeutet Güte, Menschlichkeit, Freundlichkeit, die Kunst des Vergebens und Vergessens sowie des Mitfühlens. Sie steht auch für religiöses Denken, für die Bereitschaft zu dienen, kurz für eine gefühlsbezogene, zuverlässige Person, die einen »gefallenen« Menschen jederzeit aufnehmen würde.

Umgekehrte Bedeutung

Liegt diese Karte umgekehrt, so deutet sie auf übertriebene Güte, auf Impotenz, auf Unordentlichkeit, auf ein Leben in Schwierigkeiten mit der Umwelt.

V

JUPITER.

VI L'Amoureux – die Liebenden

Zärtlich hält der junge Mann die Hand seiner Geliebten. Ihr stilles, aber ausdrucksvolles Glück wird aufmerksam beobachtet durch einen älteren Mann, der sich, auf seinen Stock gebeugt, im Hintergrund aufhält. Über den Liebenden schwebt auf einer Wolke Cupido mit seinem Pfeil.

Bedeutung

Die Karte VI drückt alles das aus, was mit Liebe, Schönheit und Harmonie zusammenhängt. Es kann sich sowohl um eine leidenschaftliche Verknüpfung als auch um eine starke Freundschaft handeln. Sie symbolisiert auch den Drang eines jeden Menschen, Neues zu entdecken und zu erobern. Sie steht für Leidenschaft, Vertrauen und Ehre.

Umgekehrte Bedeutung

Liegt die Karte VI umgekehrt, so deutet sie auf ein Versagen in zwischenmenschlichen Beziehungen, auf die Unverträglichkeit zweier Personen, auf eine falsche Wahl, auf die Unfähigkeit des Fragers, sein Glück zu teilen. Sie kann auch Sinnbild sein für eine Gleichgültigkeit, die der Frager seiner nächsten Umwelt gegenüber an den Tag legt, für seine Unbekümmertheit, mit der er seine privaten und familiären Probleme vor sich hinschiebt.

VI

L'AMOUREUX.

VII Le Chariot – der Triumphwagen

Stolz steht der Krieger in seinem Triumphwagen. Herausfordernd und aufs Schwerste gerüstet, sieht er den kommenden Konflikten entgegen. Im unteren Teil der Karte sehen wir den Triumphwagen, gezogen von zwei Pferden, die beide eine andere Richtung einschlagen.

Bedeutung

Diese Karte bedeutet schlechte Nachrichten, Feindschaft, Schicksalsschläge, Schwierigkeiten. Sie kann auch stehen für eine Ortsveränderung, sei es eine Reise, sei es eine Flucht. Sie zeigt Triumph und Größe, unterstreicht aber gleichzeitig die Gefahren zu großer Erfolge und zu großer Popularität. Der Fragende ist oft sehr oberflächlich und sehr auf Erfolg bedacht.

Umgekehrte Bedeutung

Sie zeigt hin auf Versagen, auf Zusammenbrechen von Plänen, auf das Zurückweisen von Erkenntnissen, auf das Nichterkennenwollen der Realität und letztendlich auf eine Verzweiflung.

VII

LE CHARIOT

VIII   La Justice – die Gerechtigkeit

Stark und unerschrocken steht die weibliche Symbolfigur für die Kardinaltugend der Gerechtigkeit da. In der Linken hält sie die symbolhafte Waage der Justitia, in der Rechten ein zweischneidiges Schwert, das Macht und Entschlossenheit bedeutet. Die Justitia ist mit ihrem leichten Panzer für jeden Kampf gerüstet, nicht bereit zu irgendwelchen Kompromissen.

Bedeutung

Selbstverständlich steht die Justitia für Gerechtigkeit, Gleichheit, Tugend, Ehre und Jungfräulichkeit. Sie kann allerdings auch zu große Selbstzufriedenheit darstellen. Auf jeden Fall handelt es sich um eine starke Person, die in der Lage ist, Böses abzuwenden und Gutes zu tun. Eine Person, die unser Vertrauen verdient und die unsere Notlage nie ausnützen wird.

Umgekehrte Bedeutung

Strenge, Intoleranz, Rechthaberei, auch Gesetzlosigkeit und Gewalt, Unehrlichkeit und Unduldsamkeit gegenüber seinen Mitmenschen.

VIII

LA JUSTICE

VIIII L'Ermite – der Einsiedler

Auf der Suche nach Wissen und nach Wahrheit geht der Einsiedler, in ein braunes Büßergewand gekleidet, einher. Er ist ein alter Mann. In seiner Rechten hält er als Suchender die Laterne, das Licht der Erkenntnis.

Bedeutung

Diese Karte bedeutet stilles Wissen, Wachsamkeit, Vorsichtigkeit, aber auch ein Sichverschließen vor Mitmenschen, Ausdruckslosigkeit und Leere. Die Karte kann durchaus für eine Person stehen, die nicht imstande ist, zwischenmenschliche Beziehungen aufrechtzuhalten, aber auch für die Neigung, Gefühle zu unterdrükken.

Auf jeden Fall ist der Einsiedler ein verschwiegener Mensch, ein Bewahrer von Geheimnissen, ein stiller, aber sehr kritischer Beobachter seiner Mitwelt.

Umgekehrte Bedeutung

Die Karte drückt Unvorsichtigkeit aus, Unbesonnenheit und Hast, Unreife, ungeduldiges, sinnloses Handeln und die Unfähigkeit, seiner Umwelt Vertrauen entgegenzubringen.

VIIII

L'ERMITE

X La Roue de Fortune – das Rad des Lebens

Am Rande einer Klippe, auf steinigem Boden montiert, steht das
Rad des Lebens. Die weibliche Gestalt eines Engels mit verbunde-
nen Augen dreht das Acht-Speichen-Rad, welches zeigen soll, wie
nahe Glück und Unglück, Stabilität und Veränderung im Leben
des Menschen ist. Während oben auf dem Rad ein glückliches Paar
sitzt, fällt unten eine männliche Figur ins Bodenlose. Ein kräftiger
Rosenbusch ziert den steinigen Fels.

Bedeutung

Das Rad des Lebens ist das Schicksalsrad. Es steht für Glaube,
Gewinn, Resultat, für die Lösung eines Problems, ebenso aber für
eine Veränderung, für ein unerwartetes Ereignis, das sich ankün-
digt.
Das Rad des Lebens stellt die Aussage der nächstliegenden Karten
in Frage und kann sie in deren Bedeutung vollkommen verändern.

Umgekehrte Bedeutung

Die umgekehrte Bedeutung dieses Kartenbildes ist eine Ver-
schlimmerung der Lage, Unheil, Schicksalsschlag, eigenes Versagen oder Unglück.

X

LA ROUE DE FORTUNE

XI   La Force – die Kraft

Mit bloßen Händen bändigt ein athletisch gebauter Mann einen wilden Löwen. Voller Zuversicht und innerer Ruhe steht er seinen Kampf durch. Er fühlt sich dabei so stark, daß er selbst seine große, rote Keule, die im Vordergrund auf dem Boden liegt, bei diesem ungleichen Kampf nicht einsetzen muß.

Bedeutung

Die Karte steht für Stärke, für Widerstandskraft, sowohl für geistige wie auch für körperliche Stärke, für Selbstsicherheit und Männlichkeit, für den vernünftigen Einsatz der Mittel, für Energie und für die Überwindung des Bösen.

Umgekehrte Bedeutung

Die umgekehrte Bedeutung deutet auf Schwäche, Kleinlichkeit, aber ebenso auch auf Mißbrauch der Macht, auf Gleichgültigkeit und Impotenz hin.

XI

LA FORCE

XII Le Pendu – der Gehängte

Der Gehängte ist die eigenartigste Karte der großen Arkanen. An einem hölzernen Querbalken, der auf zwei Baumstämmen ruht, hängt ein Mann, angebunden an einem Fuß. Das rechte Bein ist nach hinten eingewinkelt. Seine Arme scheinen auf den Rücken gebunden zu sein. Das Gesicht des Mannes drückt nicht Schmerzen oder Verzweiflung, sondern eher Ruhe und Interessenlosigkeit aus.

Bedeutung

Der Frager hat seine Anstrengungen aufgegeben. Er läßt sich im wahrsten Sinne des Wortes baumeln. Er ist passiv und apathisch. Lieber verzichtet er, als daß er seine Kräfte einsetzen würde, um sein Schicksal zu ändern.

Eine zweite Aussage dieser Karte bedeutet Wiedergeburt, Wiederbelebung, Anfang, Neuanfang nach schweren Schicksalsschlägen, ein vollkommenes Umdenken, eine Veränderung der ganzen Lebensweise.

Umgekehrte Bedeutung

Voreingenommenheit gegen sich selbst und gegen andere, unvernünftiges Sichaufgeben, Sichopfern, leben in Illusionen.

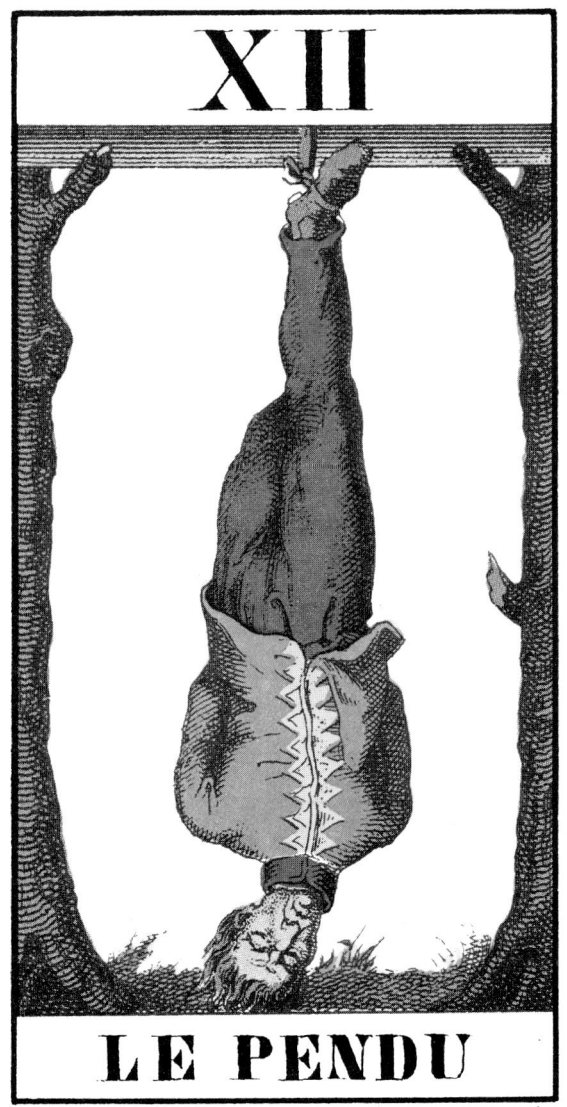

XIII   La Mort – der Tod

Mit einer farbigen Sense in der Hand steht das Skelett in der Mitte des Bildes. Es scheint steinernen Boden mähen zu wollen. Im Hintergrund sehen wir ein kleines Haus, zwei Berge sowie den Dachgiebel eines großen Hofes.

Bedeutung

Obwohl die Karte »der Tod« heißt und die Nr. XIII trägt, braucht sie keine schlimmen Sachen vorauszusagen. Sie kann zwar möglicherweise Krankheit oder Tod, Verlorenheit, Zusammenbruch oder Unheil bedeuten; in den meisten Fällen aber weist sie auf große Veränderungen, die stattfinden, auf einen neuen Anfang, auf neue Lebensentwicklungen. Sie kann das Ende familiärer Schwierigkeiten oder auch familiärer Freundschaft bedeuten. Eine Veränderung im täglichen Leben, in der finanziellen Sicherheit. Auf jeden Fall ist der Tod eine Karte, die uns an die Vergänglichkeit allen Lebens erinnern soll.

Umgekehrte Bedeutung

In ihrem umgekehrten Sinn zeigt die Karte die Erholung von einem Schock, von einer Krankheit. Sie steht dann eher für Immobilität und Trägheit, für Stagnation und für ein ruhiges, ja langweiliges Leben.

I — LE BATELEUR

II — JUNON.

III — L'IMPERATRICE

IIII — L'EMPEREUR

V — JUPITER.

VI — L'AMOUREUX.

VII — LE CHARIOT

VIII — LA JUSTICE

VIIII — L'ERMITE

LA ROUE DE FORTUNE

LA FORCE

LE PENDU

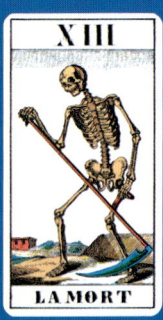

LA MORT

TEMPERANCE

LE DIABLE .

LA MAISON DE DIEU

L'ÉTOILE

LA LUNE

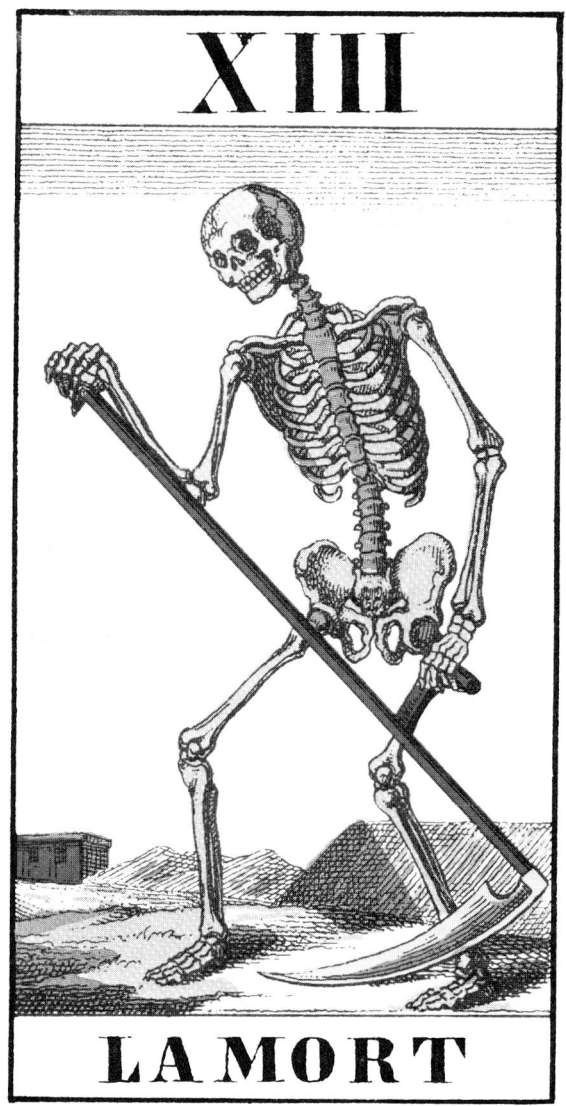

XIII

LA MORT

XIIII   Temperance – der Ausgleich

Ein körperlich kräftiger Engel steht am Bachrand und schüttet
Wasser aus einem braunen in einen roten Krug. Der rote Krug hat
die Form einer sechsseitigen Urne. Das Wasser symbolisiert das
Elixier des Lebens. Am Flußlauf entlang erkennen wir Wälder und
Bäume. Der Engel mit seinen kräftigen Flügeln drückt Stärke,
Sicherheit und Beharrlichkeit aus.

Bedeutung

Diese Karte läßt auf Bescheidenheit, auf Selbstkontrolle und Ge-
nügsamkeit schließen. Der Frager erkennt seine eigenen Grenzen,
er ist beliebt sowie geachtet und steht mit dieser Karte vor einer
glücklichen Zukunft.
Die Karte kann aber auch ein Fehlen der nötigen Aktivität aufzeigen. Möglicherweise ist der Frager zu bescheiden, zu nett und zu
liebenswürdig, um die gewünschten Erfolge zu erzielen.

Umgekehrte Bedeutung

Feindseligkeit, Zusammenprall geschäftlicher und persönlicher In-
teressen, Unfähigkeit zur Teamarbeit, Unfruchtbarkeit, unerfüllte
Wünsche und Frustration.

XIIII

TEMPERANCE

XV   Le Diable – der Teufel

Als schreckliche und erschreckende Gestalt steht der Gehörnte mit seiner zweizackigen Gabel da. Nackt, mit einem langen Schweif und mit behuften Füßen, deutet er mit seiner rechten Hand seine Kraft über alles Menschliche an. Vor ihm sitzt eine weinende Frau.

Bedeutung

Die Karte XV ist keine Glückskarte. Sie zeigt auf Knechtschaft, auf Aufgabe, auf ein Sichunterordnen, eventuell auch auf die schwarze Magie und auf unerwartetes Unheil.
Der Teufel als Symbol für den Tod, für Unglück und Armut läßt auf Schock und Gewalt schließen, auf Selbstzerstörung und auf sehr schlechte, außere Einflüsse.

Umgekehrte Bedeutung

Umgekehrt ausgelegt bedeutet diese Karte den ersten Schritt auf dem Wege zur Vervollkommnung und zur Erleuchtung. Die Angst vor dem eigenen Ich wird bezwungen. Der Frager steht vor der Erkenntnis, daß jede Art von Unterwerfung und Knechtschaft überwindbar ist. Es gibt keine unüberbrückbaren Hindernisse.

XV

LE DIABLE.

XVI La Maison de Dieu – der Turm

Ein mächtiges, turmähnliches Gebäude wird von einem Blitz zerstört, der direkt aus der Sonne zu kommen scheint. Kopfüber fällt ein Mann auf den Vorplatz, während ein zweiter bereits zerschmettert am Boden liegt. Ganze Teile des Turms, einzelne Steine, Holzbalken, alles donnert hinab auf die Straße. Der Blitz der Wahrheit zerstört die Konstruktion aus Lüge und Voreingenommenheit.

Bedeutung

Die Karte bedeutet ein vollkommenes Zusammenbrechen alter Beziehungen und Überlieferungen, eine Einbuße von Freundschaften, eine komplette Änderung der Lebensansichten, Störungen, eventuell Bankrott.

Auf jeden Fall bedeutet sie für den Frager Verlust. Sei es Verlust von Sicherheit, von Liebe oder von Vertrauen. Der positive Aspekt ist ein Hinweis auf den Durchbruch in neue Zeiten, ein Aufleuchten neuer Möglichkeiten.

Umgekehrte Bedeutung

Auch die Karte XVI deutet in ihrer umgekehrten Lage auf ein langweiliges, unbewegtes und monotones Leben, auf eine vollkommene Unfähigkeit des Fragers, seinem Leben neue Impulse zu verleihen, eventuell auch auf eine sehr schlechte und unangenehme Situation, in der der Fragende gefangen ist.

XVI

LA MAISON DE DIEU

XVII L'Etoile – der Stern

Ein barbusiges, hübsches, junges Mädchen kniet am Rande des Sees und schüttet aus einem gelben Krug Wasser, das Elixier allen Lebens, zurück in den See. Über ihr leuchtet der Stern der Hoffnung, umkränzt von vier goldenen und zwei weiteren Sternen. Die Sterne sind Ausdruck für neues, aufkommendes Glück, während das Wasser als Sinnbild der Aufnahmefähigkeit des Menschen dient. Herunterfallende Sterne zeigen Hoffnung und sind ein Versprechen für die Zukunft.

Bedeutung

Die Nr. XVII ist eine Glückskarte. Sie zeigte Glaube, Hoffnung, Einsicht, Optimismus. Sie weist auf den Einfluß der Sterne bei unserer Geburt, auf die Tatsache astrologischer Einflüsse überhaupt.

Die Karte bedeutet Erfüllung und Belohnung unserer Anstrengungen, Zufriedenheit und Vergnügen.

Umgekehrte Bedeutung

In umgekehrter Lage weist die Karte auf unerfüllte Hoffnungen, auf Enttäuschung, auf wertlose Beziehungen, auf ein unbefriedigendes Geschäft, auf innere und äußere Unausgeglichenheit.

XVIIII

LE SOLEIL

XX

LE JUGEMENT

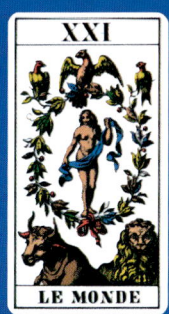

XXI

LE MONDE

LE MAT.

ROI DES ÉPÉES

ROI DE BÂTON.

ROI DE COUPE

ROI DE DENIER

XVIII   La Lune – der Mond

Im oberen Teil des Bildes sehen wir einen jungen Mann, der mit seiner Laute einem jungen, auf dem Balkon stehenden Mädchen ein Ständchen bringt. Neben dem Mann sitzt ein großer, kräftiger Hund. Das Ganze ist überstrahlt von einem runden, kindlichen Mond. Der Krebs im untern Bildteil scheint kompromißlos und gerade auf den Mond zuzuwandern und sich nicht um die verliebten jungen Leute zu kümmern.

Bedeutung

Die Mondkarte bringt Unglück. Sie zeigt Enttäuschung, Unaufrichtigkeit, Unehrlichkeit, schlechten Einfluß, Tricks, Verschlagenheit.

Auf jeden Fall weist sie darauf hin, daß der Fragende sich in der Gefahr befindet, Fehler zu begehen. Er ist neuen, unbekannten Einflüssen ausgesetzt, die ihn in gefährliche und tückische Situationen bringen können. Eventuell ist er bereit, unfaire Vorteile aus irgendeiner Zwangssituation zu ziehen. Die Karte kann auch auf sehr unsichere Beziehungen oder auf unbekannte Feinde hinweisen.

Umgekehrte Bedeutung

Liegt die Karte umgekehrt, so zeigt sie, daß der Frager fähig ist, Versuchungen zu überwinden, Fehler zu vermeiden und Gefahren zu erkennen, bevor der Schaden entstanden ist. Auch in der umgekehrten Position weist die Karte darauf hin, daß der Frager ungesunden Einflüssen ausgesetzt ist. Sie zeigt aber, daß er durchaus in der Lage ist, die daraus entstehenden Gefahren zu meistern.

XVIIII   Le Soleil – die Sonne

Eine große, kräftige, strahlende Sonne leuchtet über einer heilen und glücklichen Welt. Im Vordergrund sitzt ein verliebtes Pärchen. Eng umschlungen halten sie ein Buch auf ihren Knien. Die kräftige Sonne scheint die Gefahren von Sternen und Mond besiegt zu haben.

Bedeutung

Die Sonnenkarte ist die Karte der Erfüllung und des Erfolgs. Sie steht für Liebe, für Freude und Hingabe, für eine glückliche Heirat, für Glück auf Erden und Glück im Alltag. Die Befriedigung in der Hingabe an andere Menschen drückt sich darin ebenso aus wie die Erwartung eines guten Freundes.

Sie ist nicht nur die Karte des triumphalen Glücks. Sie kann auch Zufriedenheit ausdrücken, zum Beispiel die Fähigkeit, das Leben so zu akzeptieren, wie es uns vorbestimmt ist, ohne daß der Fragende dabei in eine ungesunde Passivität fällt.

Umgekehrte Bedeutung

Auch hier ist die umgekehrte Bedeutung wieder gegenteiliger Art, also Unglück, Mißerfolg, Aufgabe von Plänen und Projekten, eine bedrohliche Zeit, die viele Verluste in sich birgt.

XVIIII

LE SOLEIL

XX   Le Jugement – das Gericht

Auf einer Wolke sitzend, bläst der Engel Gabriel mit seiner roten Posaune zum Jüngsten Gericht. Eine Frau und drei Männer, lediglich bedeckt mit leichten, blauen Tüchern, scheinen aus ihren Gräbern gestiegen zu sein. Das Jüngste Gericht, der Tag des Lohnes und der Tag des Schreckens, ist angebrochen.

Bedeutung

Der Augenblick, wo wir Rechenschaft ablegen müssen über unser Leben, ist nahe. Die Karte kann bedeuten, daß unsere Art zu leben anderen Menschen sehr zu schaffen macht. Es gibt unerklärliche Vorgänge in unserem Denken. Der Frager neigt dazu, seine Probleme ohne Rücksicht auf seine Mitmenschen zu lösen. Die Gerechtigkeitskarte verspricht denen Erfolg, die ehrlich und offen mit sich selbst sind.

Umgekehrte Bedeutung

Trennung, Scheidung, Versäumnis und Verzögerung, ein Leben im Nebel, ein Leben ohne Licht und Klarheit.

XX

LE JUGEMENT

XXI Le Monde – die Welt

Eine nackte weibliche Schönheit, die in ihren Händen ein blaues
Tuch hält, symbolisiert die Freuden der Welt. Sie ist umrahmt von
einem Kranz farbiger Blüten. über ihrem Haupt sitzt ein wachsamer
Adler. Schützend breitet er seine Flügel über Mutter Erde aus.
Die beiden Vögel rechts und links helfen ihm in seiner Wachsamkeit.
In der unteren Bildhälfte wird die weibliche Figur durch einen
Ochsen und einen Löwen beschützt.

Bedeutung

Die Welt ist die Erfüllung, der Abschluß und das Endresultat aller
unserer Anstrengungen. Sie zeigt, daß wir vor dem Erfolg stehen,
den wir mit harten Anstrengungen angepeilt haben.
Als stärkste und bedeutungsvollste aller Karten wirkt sie ungestört,
kann aber ihrerseits jede weitere Karte beeinflussen. Ihre Hauptbetonung
liegt auf positivem, befriedigendem und glücklichem Abschluß.

Umgekehrte Bedeutung

Steht für Unvollkommenheit, für Angst und Enttäuschung und für
unsere Unfähigkeit, Pläne in die Tat umzusetzen.

XXI

LE MONDE

Drei Muster-Auslagen und ihre Deutungen

Haben Sie nun die einzelnen Karten entsprechend der vorangegangenen Interpretationen für den Frager geklärt beziehungsweise
gedeutet, so befassen Sie sich anschließend mit der Beziehung zwischen den verschiedenen Bildern. Diese Beziehungen können sehr
bedeutend sein, und die gesamte Reihenfolge der gelegten Karten
kann durchaus einen klaren Trend aufweisen.

Welche Karten besonders stark sind, das heißt, deren Aussagen
mehr Gewichtigkeit haben, wurde jeweils bei den Einzeldeutungen
schon hervorgehoben. Eine Wertung nur nach Stärke-Klassen gibt
es jedoch nicht. Der Kartenleser läßt hier seine Phantasie und den
gesunden Menschenverstand walten. Wenn Sie beispielsweise neben zwei negativen Bildern ein starkes wie die Sonne finden, liegt
es auf der Hand, daß damit zumindest die düstere Aussage der vorangegangenen Karten abgeschwächt wird.

Wichtig ist beim Lesen, daß die Bezüge zwischen jenen Karten stu-
diert werden, die sich gegenseitig bestätigen oder unterstützen sollen. So können die Karten auf Platz 1 und Platz 7 in der Gesamt-
wertung nur gemeinsam gesehen werden. Ebenso werden die Karten auf Platz 6 und auf Platz 10 zusammen die Deutung in Richtung
Zukunft vereinfachen. Auch zwischen den Karten auf Platz 4 und
auf Platz 9 bestehen stets Verbindungen, obwohl diese längst nicht
immer so deutlich zutage treten wie bei den vorgenannten Karten-
paaren.

Es würde den Rahmen dieses Buches bei weitem sprengen, wenn
wir versuchen wollten, die Wirkung jeder Karte auf die nächste
Karte zu beschreiben. Mit etwas Übung und Überlegung wird aber
jeder Kartenleger sehr rasch erkennen, welches Gesamtbild sich
ergibt und ob es in sich schlüssig ist. Die drei nachstehenden Beispiele mit ihren Auflösungsmustern geben Ihnen einen guten Ein-
stieg in das Lesen einer Kartenauslage mit hohen Arkanen.

Das Kartenbild von Ursula M.

Bei der Fragenden handelt es sich um eine sehr eigenwillige junge Dame von etwa 25 bis 30 Jahren. Sie ist verheiratet und übt eine Bürotätigkeit aus.

Auf Platz 1 finden wir den Teufel. Die Karte läßt auf einen sehr unruhigen Lebensabschnitt der Fragenden schließen, die offenbar im Moment mit heftigen persönlichen Schwierigkeiten konfrontiert ist. Es wäre nun falsch, dieses Bild allzu negativ auszulegen. Wir sehen sofort, daß seine Wirkung durch naheliegende Karten abgeschwächt wird.

Auf Platz 2 liegt die Karte Nr. XIIII, der Ausgleich. Sie zeigt uns, daß die fragende Person bemüht ist, sich auf eine neue, ungewohnte Situation einzustellen. Vielleicht wendet sie dazu noch zu wenig Kraft auf.

Der Stern auf dem Schicksalsplatz zeigt, daß die Fragende in der näheren Vergangenheit eine glückliche Phase hinter sich gebracht hat und daß sie stark daran glaubt, auf eine positive Zukunft hinzusteuern.

Auf Platz 4 sehen wir den Herrscher. War es bereits in früheren Jahren eine männliche Persönlichkeit, die das Wesen der Fragenden am stärksten prägte, scheint das Problem der Dame auch heute ein Mann zu sein. Es ist denkbar, daß sich die derzeitige männliche Bezugsperson in ihrer Stärke und Entschlossenheit zu sehr vom Bild des Mannes vergangener Zeit unterscheidet.

Die Herrscherin auf Platz 5 besagt, daß das Leben unserer Fragenden ebensosehr durch eine starke und gütige Frau mitgeprägt wurde. Diese Frau muß nicht dominiert haben, sie kann ebensogut als nachahmenswertes Vorbild eine Rolle gespielt haben.

Auf dem Zukunftsplatz finden wir die Sonne. Alles scheint darauf hinzuweisen, daß eine glückliche und zufriedene Zukunft zu erwarten ist. Allerdings ist dafür die Fähigkeit notwendig, das Leben so zu akzeptieren, wie es uns vorbestimmt ist.

Der Mond auf dem Platz 7 deutet wieder wie die Karte auf Platz 1 darauf hin, daß die Fragerin im Moment einen schwierigen Lebensabschnitt durchläuft. Sie scheint sehr heftigen Einflüssen ausgesetzt zu sein, die sie in gefährliche Lagen bringen können.

Obwohl die Mondkarte auf unsichere Beziehungen hinweist, sollte sich der Antwortende hüten, dieses gleich als eine drohende oder existente Ehekrise zu verkünden. Oft handelt es sich um kleine und scheinbar unwichtige Probleme in den zwischenmenschlichen Kontakten, und der Abbruch von Beziehungen braucht sich keinesfalls immer auf die dominierenden Personen im Leben eines Fragenden zu beziehen.

Auch die Kraft auf Platz 8 deutet wieder auf Probleme mit der Umwelt hin. Die Fragende erscheint damit für ihre Umwelt sehr stark und selbstsicher und ist darauf angewiesen, ihre Mittel stets vernünftig einzusetzen, um größeren Schwierigkeiten aus dem Weg zu gehen.

Das Rad des Lebens auf Platz 9 steht für die Erklärung der inneren Wünsche und Probleme. Auch hier stellen wir fest, daß etwas in Bewegung ist, daß sich Veränderungen anzeigen, die bereits auf den Plätzen 1, 7 und 8 aufgetaucht sind.

Der Einsiedler auf Platz 10 zeigt, daß die Lösung aller aufgeworfenen Probleme in der Stille und in der Zurückhaltung liegt. Ein kritisches Beobachten der Umwelt sowie bedeutende Anstrengungen zur Aufrechterhaltung zwischenmenschlicher Beziehungen sind notwendig, um zu einem glücklichen Ziel zu kommen. Die Fragende muß sich davor hüten, sich vor ihren Mitmenschen zu sehr zu verschließen.

L'ERMITE

XVII.

L'ETOILE

X

LA ROUE DE FORTUNE

XV

XIIII

LE DIABLE.

TEMPERANCE

IIII

L'EMPEREUR

LE SOLEIL

XVIIII

XI

LA FORCE

III

L'IMPERATRICE

XVIII

LA LUNE

77

Das Kartenbild von Petra B.

Bei der Fragerin handelt es sich um eine gefühlsbetonte Dame, die einen fröhlichen und ziemlich gelösten Eindruck macht. Sie ist unverheiratet und arbeitet in einer verantwortungsvollen Stellung. Das Alter liegt zwischen 25 und 35 Jahren.

Die Karte 1, der Narr, zeigt eine noch nicht ganz fertige, aber fröhliche und unbeschwerte Person. Ein gewisser Hang zu unberechenbarem Handeln, die Neigung »in den Tag hineinleben« scheint auf der Hand zu liegen.

Mit der Karte 2, dem Magier, kommen wir dem Problem schon ziemlich nahe. Die Fragerin ist konfrontiert mit einer sehr starken Persönlichkeit, die offensichtlich mehr Selbstvertrauen, eine entschlossenere Selbstkontrolle und wohl auch mehr Mut gegenüber Herausforderungen des Alltags an den Tag legt.

Die dritte Karte ist Junon, die hohe Priesterin. Sie weist auf ein glücklich verlaufenes Schicksal hin und zeigt, daß sich die Dame bemüht, ihre kleinen Schwächen zu überwinden, Verantwortung und Verständnis für ihre Mitmenschen aufzubringen.

Auf dem 4. Platz finden wir die Herrscherin. Sie sagt uns, daß die Fragende wahrscheinlich ihre hauptsächlichsten Probleme in der Vergangenheit – und eventuell auch heute noch – im Umgang mit weiblichen Wesen hatte. Die Stärke der Herrscherin läßt darauf schließen, daß es sich um Leute mit besonders starkem Durchsetzungsvermögen handelte, die vielleicht in ihrem Führungsanspruch unserer Fragerin zu schaffen machten.

Le Chariot auf Platz 5 erzählt von Schicksalsschlägen und Schwierigkeiten, die zu überstehen waren. Sie zeigt, daß zu den stärksten Eindrücken unserer Fragenden eine Ortsveränderung oder eine Reise beigetragen haben müssen.

Auf Platz 6 finden wir als Zukunftskarte den starken Jupiter. Er deutet hin auf eine Verinnerlichung, auf die Entwicklung zur stark gefühlsbezogenen und zuverlässigen Person, die Güte und Mitgefühl zu schenken hat.

JUNON.

LA ROUE DE FORTUNE

LE MAT.

LE BATELEUR

L'IMPERATRICE

LA JUSTICE

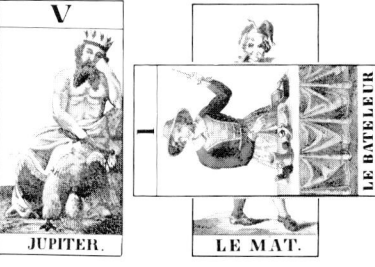

JUPITER.

L'EMPEREUR

LE CHARIOT

L'AMOUREUX.

79

Auf Platz 7 sind die Liebenden zu sehen. Offensichtlich ist die Fragende entweder sehr verliebt oder zumindest in starker Freundschaft gebunden. Leidenschaft, Liebe und die Suche nach Harmonie spielen zur Zeit eine sehr große Rolle.

Auf Platz 8 finden wir den Herrscher. Es fällt auf, daß im gesamten Kartenbild immer wieder die starken, dominierenden Männer ein Übergewicht haben. Wir glauben, daß die Fragende dem Einfluß einiger starker Persönlichkeiten ausgesetzt ist. Dieser Einfluß braucht nicht schlecht zu sein, allerdings wird ihr Gefühlsleben durch diese harten Persönlichkeiten oft verletzt.

Auf Platz 9 steht die Gerechtigkeit. Sie spricht von den inneren Wünschen der fragenden Person, die sich alle um das Thema Gerechtigkeit und Stärke drehen. Obwohl sie schon eine relativ ausgeprägte Persönlichkeit hat, sucht sie in ihrem Innern nach weiterem Ausgleich, nach einer Nivellierung ihres oftmals zu weichen Gemüts.

Lassen Sie sich nicht dadurch irritieren, daß das Rad des Lebens auf der Position 10 steht. Wir lesen daraus, daß eine Veränderung im Dasein der Fragenden bevorsteht. Aufgrund des vorangegangenen günstigen Bildes scheint es uns klar, daß diese Veränderung (die übrigens zeitlich nicht in den nächsten Tagen, sondern ebensogut im Laufe der nächsten 12 Monate eintreten kann) eine glückliche sein wird.

Das Kartenbild von Walter M.

Beim Frager handelt es sich um einen tüchtigen, beruflich erfolgreichen Mann in den 40er Jahren. Er ist als leitender Angestellter tätig, verheiratet und hat drei Kinder. Der Mann macht einen etwas nervösen Eindruck und äußert sich in keiner Weise zu seinen Problemen.

Auf Platz 1 liegt die Karte Nr. XV, der Teufel. Der Frager steht in einer Krise. Es ist anzunehmen, daß er negativen Umwelteinflüssen ausgesetzt ist und daß sein Hauptproblem darin liegt, sich schlecht in eine bestimmte Ordnung einfügen sowie sich nur schwer unterordnen zu können.

Der Tod auf Platz 2 unterstreicht den Eindruck, den wir aus der ersten Karte gewonnen haben. Tatsächlich scheint hier einiges in Bewegung zu sein. Die Karte kann das Ende gewisser Schwierigkeiten oder das Ende einer Freundschaft bedeuten. Die Veränderung kann sich aber ebensogut auf die finanzielle Seite beziehen.

Mit der Sternenkarte auf dem Schicksalsplatz sieht die ganze Sache schon bedeutend positiver aus. Die momentanen Probleme werden überwunden, und alles wird zu einem glücklichen Abschluß kommen.

Das Gericht auf Platz 4 soll uns Aufschlüsse geben über die ferne Vergangenheit des Fragers. Offensichtlich lagen seine Probleme in der zeitweise etwas rücksichtslosen Art zu leben. Er könnte, ohne es sein zu wollen, ein eigentlicher Trouble-Maker sein. Durch seine nicht sehr besonnene Art, stößt er seine Umwelt vor den Kopf.

Auf dem 5. Platz liegt die Sonnenkarte. Unser Frager kommt aus einem glücklichen Haus. Er hat eine ruhige, geordnete Jugendzeit hinter sich und ist in einer Umgebung aufgewachsen, die dem Leben durchaus positiv gegenüberstand. Allerdings ist es möglich, daß er dabei etwas zu sehr umsorgt worden ist, so daß er heute oft dazu neigt, in eine ungesunde Passivität zu verfallen.

Die Gerechtigkeit auf dem 6. Platz zeigt uns, daß der Fragende eine gute Zukunft ansteuert. Er wird sich zu einer Person entwickeln, die unser Vertrauen verdient, die stets bemüht ist, Gutes zu tun und für Gerechtigkeit und Pflichterfüllung einzustehen. Daß sich dabei ein gewisser Hang zu großer Selbstzufriedenheit einstellen kann, liegt auf der Hand.

Auf Platz 7 liegt die Karte des Ausgleichs. Auch wenn auf den ersten Blick eine Differenz zwischen dem Platz 1 und dem Platz 7 besteht, so zögern wir doch keinen Moment, daraus zu lesen, daß das Hauptproblem diese Mannes die nötige Aktivität ist. Der Frager ist oft zu unbestimmt, zu unschlüssig, um den erzielbaren Erfolg tatsächlich zu erreichen. Er läßt es meistens auch an der nötigen Anstrengung fehlen.

Auf Platz 8 haben wir die unnumerierte Karte, den Narr. Sehr oft präsentiert sich der Fragende seiner Umwelt gegenüber etwas närrisch, unreif, leichtfertig, vielleicht sogar frivol. Diese übertrieben fröhliche Art, mit der er sich selbst darstellt, führt zu Fehleinschätzungen und verursacht Schwierigkeiten in seiner Karriere.

Die starke Karte des Jupiter auf Platz 9 symbolisiert die inneren Wünsche und Probleme des Fragers. Er möchte sich gerne stark sehen, er neigt zu sehr gefühlsbezogenem Denken. Auch ein Hang zur Religion ist durchaus da. Menschlichkeit, Freundlichkeit und Güte bedeuten ihm sehr viel, verursachen ihm aber in der heutigen Art zu leben oftmals Schwierigkeiten.

Das Rad des Lebens erscheint auf Platz 10. Wie wir schon auf Platz 1 und 2 gesehen haben, ist bei dem Frager alles in Bewegung. Es werden sich Veränderungen einstellen. Der Mann wird seine Unruhe ablegen und seine angestrebten Ziele in absehbarer Zeit erreichen. Von großer Bedeutung für den Fragenden ist es, daß er dieses Ziel mit Bedacht und Umsicht ansteuert, um seine innere Ruhe tatsächlich wiederzufinden.

Vielleicht werden Sie sich nach dem Studium dieser drei Beispiele fragen, was nun die spezifischen Probleme der drei fragenden Personen gewesen sind. Als Befragter werde ich dies nie erfahren, denn eine Diskussion über die eigentliche Fragestellung sollte auch nach der Sitzung unter allen Umständen vermieden werden. Allzu schnell nehmen Sie sonst die Last eines Beichtvaters auf sich und beschweren Ihr persönliches Gefühlsleben mit Problemen, die Sie im Grunde nicht berühren.

Je weiter Sie in die Problemwelt des Fragenden eindringen, um so schwieriger wird es für Sie, ihm bei nächster Gelegenheit wieder die Karten zu deuten. Es braucht eine nahezu übermenschliche Anstrengung, sich beim Auslegen der Karten so stark auf die Bilder zu konzentrieren, daß kein Raum mehr für persönliche Überlegungen bleibt.

XVII.

L'ETOILE

X

LA ROUE DE FORTUNE

V

JUPITER.

VIII

LA JUSTICE

XV

XIII

LA MORT

LE DIABLE.

XX

LE JUGEMENT

LE MAT.

XVIIII

LE SOLEIL

XIIII

TEMPERANCE

Das Legen in Siebener-Reihen

Eine besonders alte Auslegeart wurde in Amerika unter dem Namen »Zigeunerauslage« bekannt. Ich weiß allerdings nicht, inwieweit eine Verbindung zwischen dieser speziellen Art zu legen und den wahrsagenden Zigeunern konstruierbar ist. Gehen Sie wie folgt vor:

Entnehmen Sie Ihrem Spiel die 22 hohen Arkanen und legen Sie diese zur Seite. Die übrigbleibenden 56 kleinen Arkanen werden gut gemischt und 20 Karten von oben her abgezählt. Die übriggebliebenen 36 Karten werden nicht mehr benötigt.

Wir fügen nun die 20 kleinen Arkanen zu den 22 hohen Arkanen, und der Frager mischt die Karten gründlich. Dann teilt er sie mit dem Bild nach unten in sechs verschiedene Stöße zu je sieben Karten ein. Dabei legt er jeweils eine Karte nach der anderen, stets von rechts nach links vorgehend. Der Befragte nimmt jetzt einen Stoß nach dem anderen und legt die Karten, mit dem Bild nach oben, von rechts nach links in sechs Reihen. Ist die fragende Person männlich, so wird sie durch den Narr, den Magier oder den Herrscher dargestellt; ist sie weiblich, kann es der Narr, die hohe Priesterin oder die Herrscherin sein. Die Karte, die beim Auslegen als erste der jeweils drei möglichen erscheint, wird dem Spiel entnommen und rechts neben oder über die erste Kartenreihe gelegt. Den freigewordenen Platz ersetzt man durch die oberste Karte aus dem nicht benutzten Stock von 36 Karten.

- Die Reihe 1 gibt Aufschlüsse über die Vergangenheit. Erfahrungen und Eindrücke, die im Leben des Fragenden bisher eine große Rolle gespielt haben, treten hier zutage.
- Die Reihe 2 beschreibt die Gegenwart. Alles das, was den Frager heute besonders bewegt, liegt in dieser Reihe verborgen.
- Die Reihe 3 zeigt fremde Einwirkungen von außen, gesellschaftlichen Druck und beruflichen Streß, auf die der Frager keinen Einfluß hat.
- Die Reihe 4 eröffnet die nahe Zukunft. Zusammen mit den

Vergangenheit

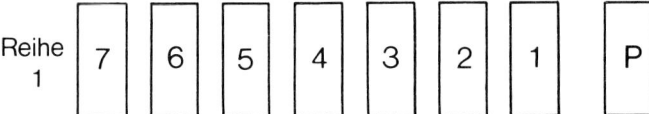

Reihe 1: 7 6 5 4 3 2 1 | P

Gegenwart

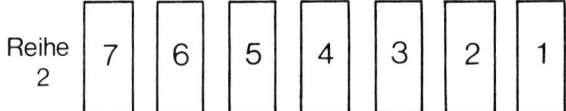

Reihe 2: 7 6 5 4 3 2 1

Fremde Einflüsse

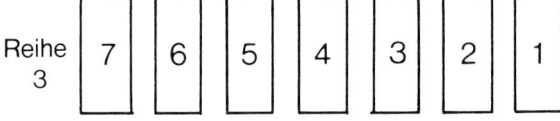

Reihe 3: 7 6 5 4 3 2 1

Nahe Zukunft

Reihe 4: 7 6 5 4 3 2 1

Zukunftsmöglichkeiten

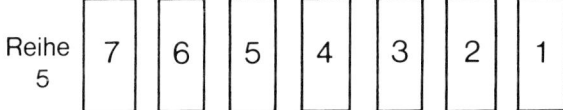

Reihe 5: 7 6 5 4 3 2 1

Ziel und Resultat

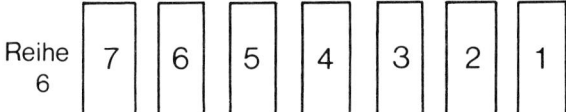

Reihe 6: 7 6 5 4 3 2 1

Resultaten der ersten drei Reihen wird die Reihe 4 die hauptsächlichen Tendenzen und Strömungen aufzeigen, denen der Frager in allernächster Zeit ausgesetzt ist.

● Die Reihe 5 deutet auf die Zukunftsmöglichkeiten. Wir sehen hier, was der Frager tun kann, um Unannehmlichkeiten abzuwenden und um eine erfolgreiche Zukunft aufzubauen.

● Die Reihe 6 zeigt das Ziel und das Resultat. Dem tüchtigen Deuter läßt diese Reihe offen, welches Resultat der Frager erreichen wird und erreichen kann.

Die Interpretationen der kleinen Arkanen

Die kleinen Arkanen bestehen aus 56 Karten, und es erscheint dem Anfänger unmöglich, deren Bedeutung rasch zu erfassen. Schlagen Sie deshalb bei Ihren ersten Auslagen ruhig nach, und versuchen Sie nicht, die Bilder rein gefühlsmäßig zu erklären. Eines aber sollte man sich sofort einprägen: die Grundtendenz der einzelnen Kartenfarben; denn diese muß man ständig vor Augen haben.

Erkennen Sie erst einmal klar die Bilder und entsprechenden Kategorien, dann weist Ihnen ein Blick auf die Siebener-Reihen sofort die richtige Richtung zum Lesen des Gesamtbildes.

Schwerter

Stärke, Mut, Kraft, Aktivität
und Kampf

Stäbe

Arbeit, Fortschritt, Entwicklung

Kelche

Gefühl, Lust, Freude, Glück

Münzen

Besitz, Geld, Wohlstand

Schwerter

Die Serie der Schwerter steht für Stärke, Mut und Kraft. Es sind Karten aktiver, einsatzfreudiger Menschen – Einsatz aber nicht nur für Gutes, sondern auch für Böses; es ist die Kartenfarbe der Befehlenden und der Kämpfenden.

Bedeutung
Schwert König

Übersicht, Befehl, Stärke, Aktivität, Gerechtigkeit und Abschluß
Umgekehrte Bedeutung:
Herrschsucht, Boshaftigkeit, Skrupellosigkeit, Sadismus

Schwert-Königin

Trauer, Armut, Verleumdung, Trennung, Einsamkeit
Umgekehrte Bedeutung:
Kleinmut, Boshaftigkeit, Verrat, Rachsucht

Schwert-Ritter

Heldenmut, stürmischer Drang, Sprung ins Unbekannte, Bewegung. Diese Karte beeinflußt in hohem Maße die nächstliegenden Bilder
Umgekehrte Bedeutung:
Dummheit, Verantwortungslosigkeit, Unfähigkeit, Streit, Einbildung, Unreife

Schwert-Bube

Aufmerksamkeit, Wachsam-
keit, der Hang zum Nachfor-
schen, Erkennen und Enthül-
len
Umgekehrte Bedeutung:
Betrug, eventuell Krankheit,
Unbeholfenheit und Hilflo-
sigkeit, Unfertigkeit

Schwert-Zehn

Trauer, Kummer, Tränen,
Unglück, Enttäuschung,
Schmerz und Gebrechen
Umgekehrte Bedeutung:
materieller Gewinn, momen-
taner Erfolg, Fortschritte auf
finanziellem Gebiet

Schwert-Neun

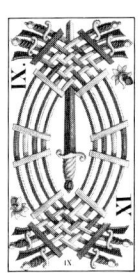

Streit, Schwierigkeiten, Unglück, Liebeskummer
Umgekehrte Bedeutung:
Angst, Skrupel, Verleum-
dung, Scham

Schwert-Acht

Revolution, Aufruhr, Gefangenschaft, Terror, Krise
Umgekehrte Bedeutung:
Schicksalsschlag, Unvorhergesehenes, negatives Erlebnis, Betrug

Schwert-Sieben

Hoffnung, Vertrauen, neuer Blick in die Zukunft, zielstrebiges Bemühen, Phantasie
Umgekehrte Bedeutung:
Zagen, Zittern, schlechter Rat, Streit

Schwert-Sechs

Sieg über das Ungewisse, Überwinden von Schwierigkeiten, Straße, Weg, Reise
Umgekehrte Bedeutung: das Klären einer unbefriedigenden Situation, Aussprache, Geständnis, vergebliches Suchen nach einer Lösung

Schwert-Fünf

Eroberung, Zerstörung, Sieg, Boshaftigkeit
Umgekehrte Bedeutung: nahestehenden Menschen droht Gefahr, Unsicherheit

90

Schwert-Vier

Zurückgezogenheit, Einsamkeit, Erholung nach einer
Krankheit, Aufschub, Stillstand
Umgekehrte Bedeutung: Vorsicht, Energie, bei behutsa-
mem Vorgehen verbessert
sich die Lage

Schwert-Drei

Trennung, Verlust, Abwe-
senheit, Einsamkeit, Verspätung
Umgekehrte Bedeutung: Unruhe, Verwirrung, Fehler,
Verlust

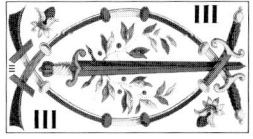

Schwert-Zwei

Gesundheit, Harmonie, Liebe
Umgekehrte Bedeutung:
Lüge, Unehrlichkeit, Falsch-
heit

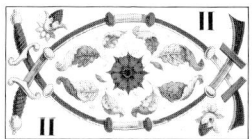

Schwert-Eins (As)

Erfüllung eines großen Wun-
sches, Freude, Erfolg, Besitztum, eventuell auch Aus-
schweifung
Umgekehrte Bedeutung:
Gewalt, Widerstand, Zerstörung, Unglück

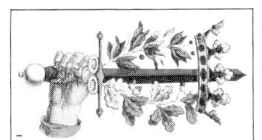

Stäbe

Die Stäbe sind die Karten der Arbeiter und Handwerker. Sie stehen für Arbeit, Fortschritt, Entwicklung und für das Unternehmertum.

Bedeutung
Stab-König

sympathische, liebenswürdige Person, freundlich, verantwortungsbewußt, wohlhabend, intelligent
Umgekehrte Bedeutung: ausgefallene Ideen, Unbelehrbarkeit, aufdringlich und widerspenstig

ROI DE BÂTON.

Stab-Königin

begehrenswerte Frau, charmant und anziehend, verständnisvoll, ehrlich
Umgekehrte Bedeutung: Untreue, Flatterhaftigkeit, Eifersucht

REINE DE BÂTON

Stab-Ritter

Reise in unbekannte Länder, Abfahrt und Abwesenheit, Flug- oder Schiffahrt
Umgekehrte Bedeutung: Ende einer Beziehung, plötzlicher Wechsel, Störung

CHEVALIER DES BÂTONS

Stab-Bube

ein Bote, ein Unbekannter
mit guter Absicht, ein Freund,
vertrauensvoll und zuverläs-
sig
Umgekehrte Bedeutung: Unsicherheit, Feigheit, Bote für
schlechte Nachrichten

VALET DE BÂTON

Stab-Zehn

Streß, Probleme, Überbela-
stung, falscher Einsatz der
Kräfte
Umgekehrte Bedeutung: ein
Verlust droht, Betrug, Unehr-
lichkeit, Intrigen

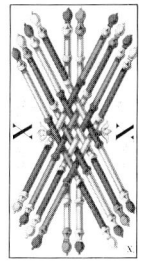

Stab-Neun

Es kommen unruhige Zeiten;
versteckte Feinde, Schwierig-
keiten
Umgekehrte Bedeutung·
Trauer, Feindschaft, Sorgen,
Verspätung

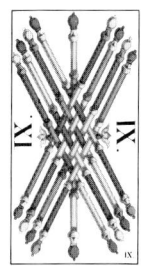

Stab-Acht

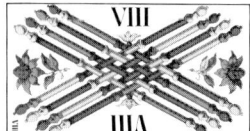

Unruhe, Hast, ungesunde Eile, Tempo, mangelnde Gründlichkeit
Umgekehrte Bedeutung: Mißverständnisse, Eifersucht, Streit, unangenehmes Gespräch

Stab-Sieben

Sieg, Triumph, materieller Gewinn, Erfolg im Beruf
Umgekehrte Bedeutung: Zweifel, Angst, Hoffnungslosigkeit, Aussichtslosigkeit

Stab-Sechs

frohe Erwartungen, Belohnung, glücklicher Abschluß, es geht vorwärts
Umgekehrte Bedeutung: Warten, Mißtrauen, Angst, Unehrlichkeit

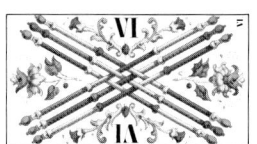

Stab-Fünf

Unfrieden, Anstrengung, Streß, Streit, Zerstörung
Umgekehrte Bedeutung: Anstrengung, Einsatz, Gegnerschaft, Betrug

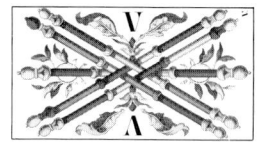

Stab-Vier

Flirt, Harmonie, Ruhe und
Glück, verdienter Lohn
Umgekehrte Bedeutung: un-
befriedigende Beziehungen,
Ruhelosigkeit

Stab-Drei

Tüchtigkeit, Unternehmungs-
lust, Klarheit
Umgekehrte Bedeutung: unehrliche Helfer, falsche
Freunde

Stab-Zwei

starke Persönlichkeit, Ent-
scheidungsfreude, Anführer
Umgekehrte Bedeutung:
Überraschung, Trauer, Sorgen, Verlust, Rückfall

Stab-Eins (As)

Empfängnis, Geburt, Anfang,
Gewinn, eventuell Aus-
schweifung
Umgekehrte Bedeutung: unsi-
chere Zukunft, schlechte
Aussichten, Abstieg, Aufgabe

Kelche

Der Kelch ist die Figur des Gefühls und der Religion. Die Karten zeigen Freude, Lust und Fröhlichkeit an. Sie versprechen Erfüllung und Glück.

Bedeutung
Kelch-König

Wissen, Weisheit, hochge-stellte Persönlichkeit, Künst-ler, Berater, Vertrauen und Verantwortung
Umgekehrte Bedeutung: Un-ehrlichkeit, ausschweifend, temperamentvoll, Skandal, Verlust

Kelch-Königin

Angebetete, Geliebte und Liebende, großzügig und mit-fühlend, ehrlich und vertrau-enswürdig
Umgekehrte Bedeutung: Un-zuverlässigkeit, Lügner, dop-pelte Moral

Kelch-Ritter

Vorschlag, Aufruf, Einla-dung, Einberufung, dazuge-hören
Umgekehrte Bedeutung:
Diebstahl, Tricks, eine unan-genehme, unehrliche Person

Kelch-Bube

gefühlvolle Person, zielbe-
wußt und dienstbereit, nach-
denklich
Umgekehrte Bedeutung: leicht
beeinflußbar, unkonzentriert,
flatterhaft

Kelch-Zehn

glückliche Familie, bürgerli-
che Tugenden, Glück, Heim
und Freude
Umgekehrte Bedeutung· Fa-
milienstreit, Freundschaft
geht verloren, Unglück, Widerstand

Kelch-Neun

materieller Wohlstand, Erfolg, Sieg, Gesundheit
Umgekehrte Bedeutung: materieller Mißerfolg, Verlust,
mißbrauchtes Vertrauen

Kelch-Acht

Hemmungen, Angst, Enttäu-
schung, Unsicherheit
Umgekehrte Bedeutung: Fest,
Fröhlichkeit, Glück und Erfolg

Kelch-Sieben

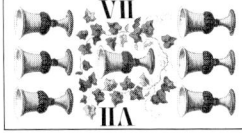

Wunschdenken, Traumwelt,
Illusionen
Umgekehrte Bedeutung: gute
Wahl, Wille, das Ziel rückt
näher

Kelch-Sechs

Kindheit, Erinnerungen, ver-
gangene Eindrücke, frohes
Erinnern
Umgekehrte Bedeutung: Veränderungen kündigen sich an,
Pläne lassen sich nicht reali-
sieren

Kelch-Fünf

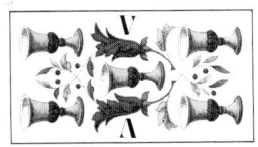

wertlose Beziehung, Zweck-
heirat, Verlust, Traurigkeit
Umgekehrte Bedeutung:
Hoffnung, neue Verbindun-
gen, alte Beziehungen erho-
len sich

Kelch-Vier

Feindschaft, Ärger und Kummer, Angst und Enttäuschung
Umgekehrte Bedeutung:
neuer Anlauf zur Lösung alter Probleme, neue Erkenntnisse

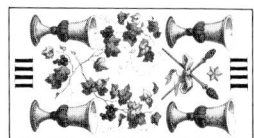

Kelch-Drei

Lösung eines Problems, gutes Resultat, Kompromiß
Umgekehrte Bedeutung: unkontrollierte Ausschweifungen, Verlust an Ansehen und Prestige

Kelch-Zwei

Leidenschaft und Liebe, Verliebtsein und Heirat, alte Freundschaft
Umgekehrte Bedeutung:
Schwierigkeiten in Liebe und Freundschaft, Trennung, Abbruch, eventuell Scheidung

Kelch-Eins (As)

Freude, Glück, Schönheit, Erfüllung, völlige Hingabe
Umgekehrte Bedeutung: unerwiderte Liebe, schlechte Freunde, Unruhe und Wechsel, Kälte

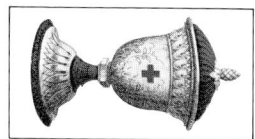

Münzen

Die Münzen gehören zu den Händlern. Sie symbolisieren Geld und damit Motor und Antrieb jeden geschäftlichen Tuns. Sie beziehen sich überwiegend auf materielle Dinge.

Bedeutung
Münzen-König

ROI DE DENIER

eine reife, starke Persönlichkeit, großer Rechner, Erfahrung und Erfolg, charakterstark und bestimmt
Umgekehrte Bedeutung: Korruption, Skrupellosigkeit, Unglaube

Münzen-Königin

REINE DE DENIER

Großmut, Gnade und Großzügigkeit, Sicherheit und Wohlstand, Luxus und Bequemlichkeit
Umgekehrte Bedeutung:
Pflichtvernachlässigung, Hochstapelei, Kredite, Schulden

Münzen-Ritter

CHEVALIER DES DENIERS

Geduld, Zähigkeit und Ausdauer, Beharrungsvermögen und Verantwortung
Umgekehrte Bedeutung: Ziellosigkeit, Planlosigkeit, Stillstand

Münzen-Bube

lernen, Begier nach neuem Wissen, nachdenken und studieren
Umgekehrte Bedeutung: ohne Logik und Realismus, Auflehnung

Münzen-Zehn

Familie, glückliches Leben, Heim, Sicherheit, Reichtum
Umgekehrte Bedeutung:
Glücksspiel, Verluste, Risiko, schlechte Nachrichten

Münzen-Neun

Naturbezogenheit, Vorsicht, Zurückhaltung, Vertrauen und Diskretion
Umgekehrte Bedeutung: der Verlust einer Beziehung oder wertvollen Besitzes droht

Münzen-Acht

Stellung im Beruf, Ausbildung, Bescheidenheit und Ehrlichkeit, Anstrengung
Umgekehrte Bedeutung: Intrige, Kleinlichkeit, Ansprüche gehen verloren

Münzen-Sieben

Geld, Gewinn, Besitz, Fortschritt und Wachstum
Umgekehrte Bedeutung: Verlust – verursacht durch unüberlegtes Handeln, durch unvorsichtige Investitionen

Münzen-Sechs

Wohltätigkeit, Geschenk, Großzügigkeit, Gewinn
Umgekehrte Bedeutung: Eifersucht, Egoismus, finanzielle Sorgen, Schulden

Münzen-Fünf

Freund oder Freundin, Gefühl, Verlust, Armut und Sorgen
Umgekehrte Bedeutung: die Lage verbessert sich, neue Möglichkeiten tun sich auf

Münzen-Vier

Materialismus, Geiz, Kleinmut, Engstirnigkeit
Umgekehrte Bedeutung: Probleme am Arbeitsplatz, Rück-
schlag, Entlassung

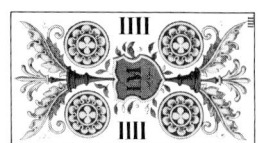

Münzen-Drei

Kraft und Beliebtheit, musi-
sche Fähigkeiten, beruflicher
Erfolg
Umgekehrte Bedeutung:
Geldsorgen, Faulheit,
schlechte Arbeit

Münzen-Zwei

Probleme, Abneigung gegen
neue Projekte, Kummer und
Sorgen
Umgekehrte Bedeutung:
Brief; Erfolge, die unerwartet
eintreten; nicht ganz ehrliche
Freude und Fröhlichkeit

Münzen-Eins (As)

Ziel, Reichtum, Vollendung,
Schätze und Kunstwerke
Umgekehrte Bedeutung: Verlust, Besitztum ohne Glück,
der Gesundheit droht Gefahr

Drei Muster-Auslagen und ihre Deutungen

Nachdem die Karten in der beschriebenen Art ausgelegt sind, beginnt der Befragte sie von rechts nach links zu lesen. Wenn er klug und bedächtig vorgeht, eröffnet sich ihm ein exaktes Bild über die hauptsächlichen Strömungen der Vergangenheit, der Gegenwart und der Zukunft des Fragenden. Er geht nicht auf jede einzelne Karte ein, sondern nimmt jeweils das Bild einer ganzen Reihe zusammen. Dabei darf er nie außer acht lassen, daß die hohen Arkanen prinzipiell stärker sind als die kleinen und somit die Wertung der kleinen Karten sehr stark beeinflussen. Das Gesamtbild der Auslage in Siebener-Reihen wird eigentlich immer durch die hohen Arkanen geprägt, die kleinen sollen deren Aussagen unterstützen und verdeutlichen. Liegt allerdings in einer Reihe von sieben Karten nur eine hohe Arkane, so haben die Aussagen der kleinen Arkanen natürlich ein Übergewicht.

Die folgenden drei Beispiele geben Ihnen Hinweise und Aufschlüsse, wie die Siebener-Reihen zu lesen und zu deuten sind.

Die Persönlichkeitskarte, die neben den Reihen liegt, hilft uns, einen Gesamteindruck über das Wesen des Fragers ganz allgemein zu bekommen.

Das Kartenbild von Otto F.

Herr F. stellt sich als Kunstschaffender vor. Er ist ungefähr 45 Jahre alt und sehr schwer einzuschätzen. Eine gewisse Unruhe, eine gereizte Spannung geht von ihm aus.

Vergangenheit

Die Karten XII und Schwert-Zehn zeigen uns, daß der Frager schon in seiner Jugend schwere Schicksalsschläge erlebt hat. Krankheit, eventuell Gebrechen haben ihm zu schaffen gemacht. VIII, V und Stab-König zeichnen das Bild eines intelligenten, gütigen und mitfühlenden Menschen. Diese Charaktereigenschaften haben dem Frager seine Jugendzeit erleichtert. Den Karten XII und XIIII entnehmen wir, daß Weichheit, Passivität und Bequemlichkeit offenbar die schwachen Seiten unseres Fragers waren.

Gegenwart

Die momentane Lage unseres Fragers ist verworren. Schwert-Sechs auf Platz 1 spricht aber vom Überwinden der Probleme, Kelch-Eins verspricht gleichfalls Erfolg und wird dabei von Stab-Sieben unterstützt. Die Karte III zeigt, daß eine starke Frau mithilft, den Durchbruch zu erzwingen. Die Karte VII verdeutlicht, daß Schicksalsschläge und Handlungen seiner Feinde ihn noch immer treffen; der Frager leidet unter seiner Angst (Kelch-Vier) und neigt zu Ausschweifungen (Stab-Eins).

Fremde Elnflüsse

Diese Reihe ergibt ein sehr klares Bild, sprechen doch nahezu sämtliche Karten von gefährlichen, negativen Kräften. XX weist auf die Probleme mit der Umwelt hin, Schwert-Acht spricht von Krise und Unruhe, XV und XVIII bedeuten Unbill, Feindschaft und gefährliche Einflüsse. Der Frager braucht die guten Kräfte von Stab-Zwei, Stab-Drei und Junon dringend, um dem Wirken seiner Umwelt etwas entgegenzusetzen.

Nahe Zukunft

Die Karten XVIIII und X sprechen von Erfolg und unerwarteten Lösungen, XIII von Veränderung und Stab-Vier von Belohnung. Der Frager ist also auf dem rechten Weg. Daß diese Wende zum Besseren nicht ruhig vor sich gehen wird, erklären die Karten Schwert-Neun, Münzen-Zwei und XVI.

Zukunftsmöglichkeiten

Dieses Bild sieht sehr gut aus und zeigt, daß die in der vorangegangenen Reihe angekündigte Tendenzwende eintreten wird. Der Frager wird sich auf musischem und geschäftlichem Gebiet eine gute Position schaffen, und seine Anstrengungen werden zu einem glücklichen Abschluß geführt. Dies zeigen uns deutlich die Karten VIIII, I und XXI, welche von Münzen-Drei, Schwert-Sechs und Kelch-König klar unterstützt werden. XVII weist zwar auf unbekannte Feinde hin, wird in diesem Bild aber überstimmt und in ihrer Bedeutung gemildert.

Ziel und Resultat

Nachdem der Frager auch die letzten wertlosen Beziehungen, von denen Kelch-Fünf auf Platz 1 spricht, abgebrochen hat, wird er in Wohlstand und Ruhe leben können. Seine Unsicherheiten und Hemmungen (Kelch-Acht) wird er überwinden; seine Beziehung zur Kunst und sein Hang zur Erforschung alles Unbekannten, aufgezeigt durch Münzen-Eins und Schwert-Bube, werden ihm zu einem frohen, unbeschwerten Leben helfen. Diese erfreuliche Zukunft zeigen uns die Karten Narr, VI und Kelch-Neun.

Die Auslage:

1. Reihe: XI, XII, V, XIIII, Stab König, VIII, Schwert 10
2. Reihe: Stab 1, Stab 7, VII, III, Kelch 1, Kelch 4, Schwert 6
3. Reihe: II, Stab 3, Stab 2, XVIII, XV, Schwert 8, XX
4. Reihe: XVI, Münzen 2, Schwert 9, Stab 4, XIII, X, XIX
5. Reihe: Kelch König, Schwert 5, Münzen 3, XXI, XVII, I, VIIII
6. Reihe: Kelch 9, Kelch 8, VI, Münzen 1, Narr, Schwert Bube, Kelch 5

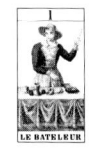

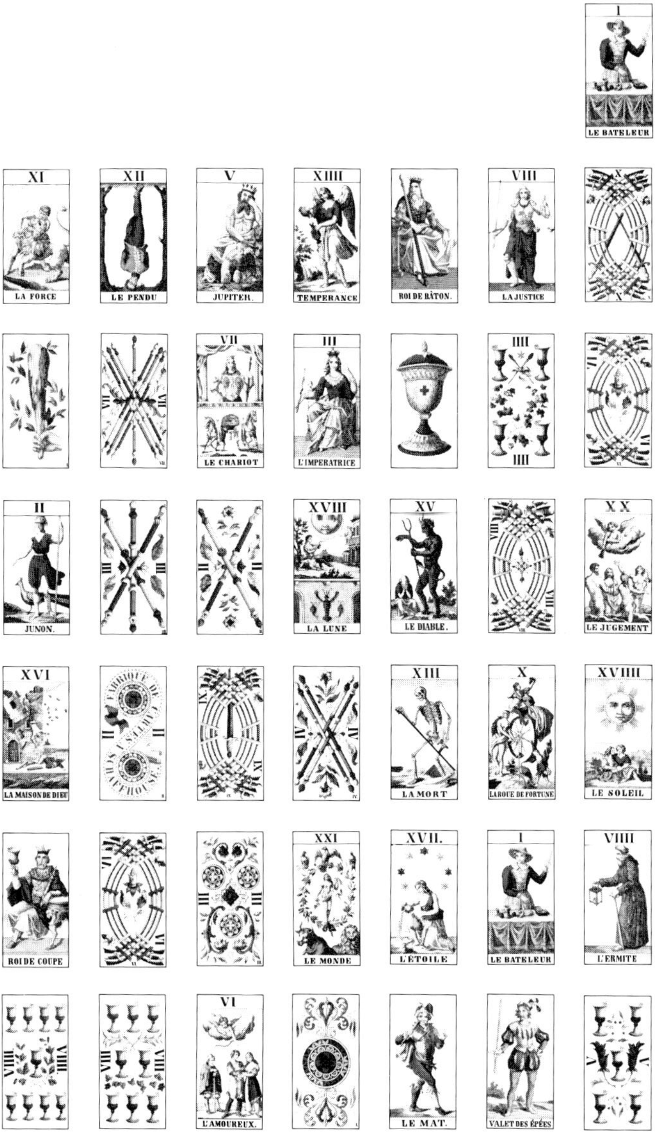
I
LE BATELEUR
XI
LA FORCE
XII
LE PENDU
V
JUPITER.
XIIII
TEMPERANCE
ROI DE BÂTON.
VIII
LA JUSTICE
X
VII
LE CHARIOT
III
L'IMPERATRICE
IIII
VI
II
JUNON.
XVIII
LA LUNE
XV
LE DIABLE.
VIII
XX
LE JUGEMENT
XVI
LA MAISON DE DIEU
IX
IV
XIII
LA MORT
X
LA ROUE DE FORTUNE
XVIIII
LE SOLEIL
ROI DE COUPE
XXI
LE MONDE
XVII.
L'ÉTOILE
I
LE BATELEUR
VIIII
L'ERMITE
VIIII
VIII
VI
L'AMOUREUX.
LE MAT.
VALET DES ÉPÉES
V

Das Kartenbild von Werner K.

Herr K. macht einen fröhlichen, ausgeglichenen und selbstsicheren Eindruck. Er ist ein Kontaktmensch, und es fällt ihm schwer, während des Kartendeutens nicht zu erzählen. Er ist etwa 40 Jahre alt und eine gewinnende, sehr gepflegte Erscheinung.

Vergangenheit

Der Frager hat eine wohlbehütete Jugendzeit hinter sich, die geprägt wurde durch einen gütigen, weisen Vater und eine besonders starke Freundschaft. Sein etwas heftiges Gefühlsleben scheint ihn in eine Krise geführt zu haben, die jedoch ohne größere Schwierigkeiten überwunden worden ist. Der Frager ist ganz offensichtlich eine sehr kontaktfreudige Person, in deren Vergangenheit insbesondere Freundschaften eine große Rolle gespielt haben.

Gegenwart

Obwohl uns die Karten Stab-Neun und Kelch-Vier ziegen, daß nicht alles rosig ist, scheint sich der Frager doch in einer relativ glücklichen Lebensphase zu befinden. Beruflich hat er erreicht, was er angestrebt hat. Er ist für seine Anstrengungen belohnt worden. Finanziell hat er keine Sorgen, und auch im familiären Bereich scheint er glücklich zu sein.

Fremde Einflüsse

Der Frager ist den Einflüssen starker Persönlichkeiten ausgesetzt, die aber durchweg positiv auf ihn einwirken. Seine Umwelt bringt ihm Vertrauen, aber auch Liebe entgegen. Sein gesundes Selbstvertrauen, seine Originalität verschaffen ihm einen interessanten und großen Freundeskreis.

LE MAT.

II — Fabrique de Cartes J. Muller & C.º	VIII	VALET DE BATON	V JUPITER	REINE DE DENIER	XVIII LE SOLEIL	X LA ROUE DE FORTUNE
III L'IMPERATRICE		IX	IIII	VALET DE DENIER	VIII	XXI LE MONDE
	II	I LE BATELEUR	VII LE CHARIOT	VI L'AMOUREUX	ROI DE BATON	IIII L'EMPEREUR
XVIIII LE SOLEIL	VIII	VII	VIII LA JUSTICE	XI LA FORCE	VI	VIII
XIIII TEMPERANCE	IX		REINE DES ÉPÉES	VIIII L'ERMITE	XII LE PENDU	XX LE JUGEMENT
II JUNON.	XIIII TEMPERANCE	VII		XVI LA MAISON DE DIEU	XV LE DIABLE	XVII L'ÉTOILE

109

Nahe Zukunft

Kelch-Acht und der Mond signalisieren einige Probleme für die nahe Zukunft. Die positiven Aussagen überwiegen aber bei weitem. Der Frager wird auf seinem Erfolgsweg weiterschreiten. Besonders in bezug auf die weitere Festigung seiner Persönlichkeit werden sich Erfolge einstellen.

Zukunftsmöglichkeiten

So erfreulich, wie bisher, wird es in der fernen Zukunft unseres Fragers kaum weitergehen. Es zeichnen sich schmerzhafte Veränderungen ab. Die Karte XX zeigt uns aber, daß sich der Frager rechtzeitig der drohenden Probleme bewußt werden wird. Er wird sich über seine Lage Rechenschaft geben und nach einer Phase der Leere und der Einsamkeit, nach einem Zeitabschnitt des Verzichts und des Mißerfolgs wieder auf seine Erfolgslinie zurückfinden.

Ziel und Resultat

Der Fragende wird, wie uns die Karten XVII, Stab-Sieben, XIIII und II zeigen, seine Probleme und Sorgen glänzend meistern. Es geht nicht ab, ohne daß er etwas aufgibt, was ihm viel bedeutet. Er wird um seine Rechte und um seinen Besitz zwar streiten müssen, abschließend aber, wenn er seine eigenen Grenzen erkannt hat, zu einem Resultat gelangen, um das wir ihn beneiden dürfen.

Die Auslage:

1. Reihe: Kelch 2, Schwert 8, Stab Bube, Münzen Königin, XIX, X
2. Reihe: III, Schwert 1, Stab 9, Kelch 4, Münzen Bube, Münzen 8, XXI
3. Reihe: Stab 1, Stab 2, I, VII, VI, Stab König, IIII
4. Reihe: XVIII, Kelch 9, Schwert 7, VIII, XI, Münzen 6, Kelch 8
5. Reihe: XIII, Münzen 9, Münzen 5, Schwert Königin, VIIII, XII, XX
6. Reihe: II, XIIII, Stab 7, Schwert 9, XVI, XV, XVII

Das Kartenbild von Heinz-Dieter R.

Der Fragende ist etwa 45 Jahre alt, ein Sportler mit Gefühlsüberschuß. Er macht einen erfolgreichen, gewinnenden Eindruck, trotzdem ist eine gewisse Unruhe unschwer zu erkennen.

Vergangenheit

Der Frager erlebte eine Jugendzeit, die geprägt war durch einen sehr autoritären Vater, der seinem Sohn oft zuviel abverlangt hat. Streß und innere Unruhe waren die Folgen davon. Trotz froher Erinnerungen an die Kindheit dominieren Anstrengungen und Sorgen.

Gegenwart

Unser Frager hat Liebeskummer. Stab-Vier spricht von einem Flirt, Schwert-Acht von Aufruhr und Krise. Wir schließen daraus, daß sich der Frager über seine Gefühle im unklaren ist und dadurch einige Probleme auf sich nimmt. Der Kelch-Bube zeigt uns den Frager als gefühlsbetontes Wesen, was die Lage auch nicht vereinfacht. Ganz eindeutig aber geht aus der Reihe 2 hervor, daß die Probleme im Gefühlsbereich und nicht etwa im Beruf oder auf dem materiellen Sektor liegen.

Fremde Einflüsse

Diese Reihe bestätigt weitgehend, was wir bereits auf der Gegenwartslinie gesehen haben. Es herrscht Unruhe. XVI zeigt sogar Zusammenbruch und Verlust an. Die wichtigste Karte dieser Reihe ist die VI. Und damit haben wir die Dame bereits, die unserem Frager so sehr zu schaffen macht. Nach der Karte XVIII schließen wir, daß sich alles zum Guten wenden wird.

Nahe Zukunft

Es wird sich viel im Leben unseres Fragers verändern. Der Mond neben dem Rad des Lebens, der Tod und der Gehängte weisen deutlich darauf hin. Dem Frager droht eine dunkle Phase, in der er Gefahr laufen wird, in Passivität zu verfallen. Ob eine Krankheit, die man aus der Karte XIII lesen könnte, dabei eine Rolle spielen wird, ist ungewiß. Der Magier und insbesondere die Karte XVII verbessern das Bild. Sie lassen vermuten, daß der Frager stark genug sein wird, diesen schwierigen Lebensabschnitt unbeschadet zu überstehen.

Zukunftsmöglichkeiten

Die negativen Aussichten aus der Reihe 5 werden von den Karten XV und Kelch-Vier nochmals bestätigt. Der Stab-Ritter zeigt eine große Reise an, und Schwert-Vier spricht von Genesung nach einer Krankheit. Eine starke, gütige Frau wird dem Frager aus seinem Tief helfen, und die Karte IIII erklärt uns, daß der Frager die Situation dank seinem Wissen und seiner Intelligenz meistern kann.

Ziel und Resultat

Im ganzen Auslegebild dominieren auf den Positionen 7 stets positive, starke Karten. Diese vielversprechenden Schlußkarten jeder Reihe bestätigen sich nochmals in der gesamten Reihe 6. Bei allem Erfolg wird der Frager, wie uns Kelch-Zwei sagt, auch weiterhin mit seinen Gefühlen nicht zu sparsam sein. Die harten Erfahrungen der Vergangenheit prägen in ihm einen Hang zur Vorsicht und vielleicht sogar zur Absonderung. Insgesamt gesehen aber ist das Resultat positiv, sowohl in bezug auf materielle wie auch auf Gefühlswerte.

Die Auslage:

1. Reihe: Münzen 5, XI, Stab 10, Stab König, Kelch 6, Stab 8, II
2. Reihe: Kelch Bube, Kelch 1, XX, Schwert 1, Schwert 9, Schwert 8, Stab 4
3. Reihe: XIX, Stab 7, Schwert Ritter, VII, VI, XXI, XVI
4. Reihe: XVII, I, XII, XIII, XIIII, XVIII, X
5. Reihe: IIII, III, Schwert 4, Stab Ritter, Münzen 9, Kelch 4, XV
6. Reihe: Stab Bube, VIII, VIIII, Kelch 2, V, Münzen 8, Kelch 9